순천지역 선교100주년 기념시집

선교이야기

| 안기창 지음 |

쿰란출판사

복음을 전하는 아름다운 발걸음

등대선교회 이사장 **김병찬** 목사
(여수성동교회 담임)

"좋은 소식을 가져오며 평화를 공포하며 복된 좋은 소식을 가져오며 구원을 공포하며 시온을 향하여 이르기를 네 하나님이 통치하신다 하는 자의 산을 넘는 발이 어찌 그리 아름다운고"(사 52:7).

안기창 목사님은 저에게 세례를 베풀어 주신 목사님입니다. 평생토록 오직 주님만을 향한 일편단심 변함이 없으신 어른의 모습을 저는 어린 시절부터 오늘에 이르기까지 지켜볼 수 있는 축복을 누리고 있습니다. 그저 감격과 감사의 연속입니다.

어려운 시절, 끼니가 간 데 없던 시절, 안 목사님은 오직 복음만을 붙들고 가난한 섬마을 사람들을 찾아 다니셨습니다. 도시 지역에서 큰 규모의 교회를 담임하며 이름도 날리고 지위도 과시할 수 있을 만한 어른이심에도 그분은 그러시질 않으셨습니다. 겸손하고, 검소하고, 정이 많으신 어른이셨습니다. 자신의 모습은 숨기시고 주님께만 영광을 올려드렸습니다.

추천의 말씀

그러한 안 목사님의 모습은 때로 답답해 보이기도 했던 것이 솔직한 고백입니다. 그러나 그 어른은 한번도 자세를 흐트러뜨리지 않으셨습니다. 그런 안 목사님에게 반해 버렸습니다. 그런 안 목사님이 좋았습니다. 안 목사님은 제 생애 가운데 가장 큰 영향을 끼쳐주셨고, 표준이 되셨습니다. 부족한 저의 거룩한 사표(師表)요, 언제 어디서라도 저의 모든 것들을 고백하고 가르침을 받을 수 있는 멘토(mentor)입니다.

그저 목사님이 좋아서 예수 믿고, 구원 받고, 주의 종으로 헌신하게 됐고, 목사님이 하시는 선교 사역에 작은 모퉁이 돌이라도 되고자 섬겨 왔는데, 어쩌다 보니 부지중에 이사장으로 등대선교회를 섬길 수 있는 영광을 얻기도 했습니다. 다만 두렵고 떨리는 마음이요 송구스럽기 그지 없는 심정입니다.

그러한 안기창 목사님의 신앙과 삶과 선교 활동을 자신의 유려한 필치로 엮어낸 이 책은 한 자연인의 자서전이요, 한국 교회의 살아 숨쉬고 있는 선교 역사 책이며, 특별히 미국 남장로교 한국 선교에 관한 역사를 연구하고자 할 때 반드시 거쳐야 되는 필독서요 자료집이며 교과서라고 할 것입니다. 삼가 성도 여러분들의 필독을 권해 드립니다.

2006년 10월 15일

땀과 눈물로 쓴 사도행전 제29장

등대선교회 회장 **고무송 목사**
(한국교회인물연구소 소장)

등대선교회 창립에 동참하시고 여러모로 헌신 봉사해 오신 안기창 목사님의 글 「선교 이야기」는 땀과 눈물로 쓴 사도행전 제29장이라 감히 말씀드리고자 합니다.

신약성경의 사도행전은 성령의 인도하심을 따라 많은 예수 그리스도의 사람들이 땅 끝까지 복음을 증거하는 과정을 담은 기록으로서 제28장에서 마감했습니다. 그러나 사도행전은 오고 오는 세대 하나님의 사람들에 의해 계속적으로 쓰여져야 마땅한 미완성의 기록입니다. 그러기에 이 땅에 살고 있는 부름받은 그리스도의 사람들은 저마다 사도행전의 속편을 이어 기록해야 하는 사명이 주어져 있는 존재입니다.

존경하옵는 안기창 목사님께서는 85세에 이르는 한평생을 오직 주님만을 위한 삶으로 경주하며 등대선교회를 통해 사도행전 속편을 줄기차고도 치열하게 기록해 오셨습니다. 어두운 이 시대를 밝히는 등대의 사명을 진솔하게 감당해 오셨습니다. 특별히 이 땅의 땅 끝이라고 할 수 있는 농촌과 섬마을을 인휴 선교사님과 더불어 함께 찾아 다

감사의 말씀

니며 복음의 씨앗을 뿌렸습니다. 저자는 다음과 같은 말씀을 서문 가운데 밝혀 놓으셨습니다.

> "선교사들의 도움 없이는 살 수 없었던 그 때 그 시절이었습니다. 50여 년 동안 선교사들과 선교의 교제를 나누면서, 1970년 선교사들이 창립한 등대선교회 총무로 선교사들의 뜨거운 선교의 얼을 이어 받아, 1980년 후반 선교사들이 철수한 후에도 후속 선교 기관으로 그 맥을 이어가며 전국 각 지역에 교회를 개척하고 수백 명에게 장학금을 지급, 목사를 양성하여 전국 각 지역에서 복음을 전하며 세계를 향해 뻗어나가는 순천 매산등에 예루살렘의 성령의 역사가 재현된 주님의 사역들을 보고 듣고 체험한 이야기를 진솔하게 과장 없이 기록하고자 했음은 오직 주님의 은혜요, 이를 인해 감사드리며 주님께 영광을 올려드립니다."

삼가 옷깃을 여미어 주님께 감사를 드리오며, 존경하옵는 안기창 목사님께 경외(敬畏)의 마음으로 치하를 올려 드립니다.

이 책을 읽는 독자들 모두에게 안기창 목사님처럼 사도행전의 속편을 기록하실 수 있는 축복이 함께하시기를 소원합니다. 감사합니다.

2006년 10월 15일

주님께 영광을

　칠흑같이 어둡고 풀도 꽃도 없는 삭막한 황무지. 이리떼들이 산야를 질주하고 강 건너 까마귀들이 하늘을 날며 모진 발톱으로 아름다운 금수강산을 갈기갈기 찢어버린 구한말 시대. 주님의 부르심 받아 가슴 불태우며 십자가를 지고 찾아온 선교사들. 멸시 천대 질병과 싸우면서 가족들을 잃는 슬픔을 딛고 서서 이름도 빛도 없이 묵묵히 농촌 오지 낙도까지 복음 전하며 개화의 불을 밝혀 주신 것 감사함이여.

　36년 일제 강점시대 신사참배 강요당할 때, 같이 울고 웃으면서 항거의 깃발 휘날리며 순천지방 교역자들 옥고를 치르고, 양용근 목사 이기풍 목사 순교의 피를 흘려 승리하고.

　조국의 해방, 자유의 종소리 울려 퍼지고, 태극기 파도치는 환희와 기쁨 사라지기도 전에 여순사건, 한국전쟁 붉은 깃발 펄럭여도 피를 흘려 이겨내고 밑거름 되었나니. 교파의 분열, 이단들이 난무한 혼란기에 믿음의 절개를 지키면서 위기에서 승리한 선배들.
　군사정권 밑에서 자유를 잃어버린 시절에 농촌 오지에

머리말

서 농민들과 생사를 같이하면서 헌신한 친애하는 동역자들이여.

선교사들의 도움 없이는 살 수 없었던 그 때 그 시절이었습니다. 50여 년 동안 선교사들과 선교의 교제를 나누면서, 1970년도 선교사들이 창립한 등대선교회 총무로 선교사들의 뜨거운 선교의 얼을 이어 받아, 선교사들이 철수한 후에도 후속 선교기관으로 그 맥을 이어가며 전국 각 지역에 교회를 개척하고 수백 명에게 장학금을 지급, 목사를 양성하여 전국 각 지역에서 복음을 전하며 세계를 향해 뻗어나가는 순천, 매산등에 예루살렘의 성령의 역사가 재현된 주님의 사역들을 보고 듣고 체험한 이야기들을 진솔하게 과장 없이 기록하고자 했음은 오직 주님의 은혜요, 이를 인해 감사드리며 주님께 영광을 올려드립니다.

격동기를 이겨내면서 뿌려진 복음의 씨앗이 오늘에서야 수백 배의 열매를 거두어들이면서 순천지역 선교 100주년을 맞이하는, 오! 축복의 땅 순천이여.

선교 200년을 바라보며 다시 복음의 씨앗을 땅 끝까지 뿌리며 매산등의 성령의 역사를 재현, 세계 복음화에 앞장서기를 바라며 선교하는 교회, 선교하는 나라는 결코 망하지 않는다는 굳은 신념을 가질 때 순천지역 복음화는 이루어질 것입니다.

교역자 평신도들이 쉽게 읽을 수 있도록 시 형식을 빌어 미련한 사람이 주님의 영광을 위하여(고전 1:27) 해산의 수고 끝에 이 책을 상재(上梓)케 되었습니다.

홍수같이 밀려드는 많고 많은 책들 가운데에서도 일독해 주시고 선교사들과 선배들의 정열적이고도 헌신적인 선교의 얼을 기리고 보존하고 전수하는 사명을 다 해주시기를 삼가 바라옵니다.

지금까지 등대선교회를 위하여 기도하며 동참해 주신 후원자들에게 감사를 드리며, 원고를 다듬어 주시고 감사의 말씀을 써주신 고무송 목사님께 감사를 드리며, 사진을 제공한 박형규 연구원께 또한 감사를 드립니다.

2006년 10월 매산등 숲속에서
안 기 창

차례

추천의 말씀 | 김병찬 목사(등대선교회 이사장) ⋯▶ 2
감사의 말씀 | 고무송 목사(등대선교회 회장) ⋯▶ 4
머리말 | 안기창 목사(등대선교회 고문) ⋯▶ 6

제1부 ⋯⋯ 선교 시
새해의기도 ⋯▶ 18
내 고향 ⋯▶ 19
옥녀봉 ⋯▶ 20
팔십 고개 ⋯▶ 21
추억 ⋯▶ 22
붉은 노을이 되리라 ⋯▶ 24
신앙고백 ⋯▶ 26

제2부 ⋯⋯ 선교사들의 이야기
배유지 선교사(Rev. Eugene Bell)
전남 선교의 선구자 • 30 / 슬픔을 안고 • 31 /
광주 선교의 아버지 • 32 / 역경을 딛고 서서 • 33 /
선교의 얼이 이어지리 • 35

오기원 선교사(Rev. C.C. Owen)
순천 선교의 개척자 • 37 / 영원한 나라로 • 39

맹현리 선교사(Rev. H. D. McCallie)
젊음과 행복을 섬 위해 • 40 / 한국의 고도 소흑산도에 • 41 /
잘 어울리며 • 43

변요한 선교사(Rev. John F. Preston Jr.)
우뚝 선 십자가 • 44 / 믿음의 아버지 • 46

순천지역 선교 100주년 기념 시집
선교이야기

고라복 선교사(Rev. R.T.Coit)
슬픔을 달래면서 • 47

조지 왓츠(Mr. George Watts)
주님께 드림이 • 49

타마자 선교사(Rev. JohnVan Neste Talmage)
오직 주님의 종으로 • 50

구례인 선교사(Rev. John Curtis Crane)
청교도의 믿음 • 53 /
일하는 자에게 주시는 하나님의 축복 • 55

백미다 선교사(Miss Meta L. Biggar)
첫사랑의 꽃 • 56

원가리 선교사(Rev. J.Kelly Unger)
세계 제일의 미인 • 58

보이열 선교사(Rev. Elmer P. Boyer)
꽃다운 젊음을 불사르며 • 60

인돈 박사(Dr. William Linton)
눈을 밝혀 주며 • 64

조요섭 선교사(Rev. Joseph Hopper)
미소를 던지며 • 66

보요한 선교사(Rev. John Folta)
완행열차 • 69

서고덕 선교사(Rev. Jack Brown Scott)
아쉬움을 남기고 • 71

차례

설대위 박사(Dr. David John Seel)
주님을 본받은 겸손 • 75

나빈손 선교사(Rev. Robert. K. Robinson)
나는 빈손이요 • 77 / 개척 교회 돌아보며 • 78

배치수 선교사(Rev. Ernest W. Petti)
인정이 있어라 • 80 / 한국 생활에 적응하며 • 82 /
위험한 고비 • 83 / 큰 업적을 남기고 • 84 /
전도 사업 진행 • 86 / 결실을 거두고 • 89 / 재회의 기쁨 • 91

인도아 선교사(Rev. Thomas Dwight Linton)
겸손하고 다정한 • 92

인휴 선교사(Rev. Hugh M. Linton)
전라도 사람이여 • 95 / 만남이 이어지고 • 96 /
등대선교회 창립 • 98 / 등대선교회 사업 확산 • 99 /
오직 주님의 영광을 위하여 • 101 / 귀가 큰 미국 사람이여 • 103 /
1차 전국 개척 후보지 조사 • 104 /
진주노회 전도사업 10개년 계획 • 107 /
진주노회 배가 전도운동 • 108 / 위험을 무릅쓰고 • 109 /
영원한 주님의 나라로 • 110 / 이 땅에서 영원히 • 111

인애자 선교사(Mrs. E. F. Linton)
베푸는 삶 • 112

이철원 선교사(Dr. Dietick Ronald)
오직 결핵환자를 위하여 • 114

미철 선교사(Eld. Petrie H. Mitchell)
매사를 성실하게 • 116

허철선 선교사(Rev Charles. Betts Huntley)
기도의 용사 • 118

노우암 선교사(Rev. Ruth K. Durham)
원리원칙 • 119

도성래 장로(Dr. S .C. Topple)
다 버리고 • 121

권오덕 선교사(Rev. Arthur W. Kinsler)
꼼꼼하고 덕이 있어라 • 124/ 순천지방 큰 홍수 • 126

선교 유적지
노고단 • 127/ 왕시루봉 • 129

제3부 …… 선배들의 이야기

원탁회 사건
신앙의 절개를 지키신 분들이여 • 132

순교자를 추모하며
불꽃으로 타올라 • 134

이기풍 목사(1868년~1942년)
순교의 얼 이어받아 • 136

김형재 목사(1984년 2월 19일~1966년 10월 27일)
믿음을 이어받아 • 139

손양원 목사(1902년 6월~1950년 9월)
사랑의 원자탄 • 142

차례

나덕환 목사(1904년 4월 17일~1971년 2월 21일)
기초를 튼튼히 • 144 / 시련을 승리로 • 145 /
오직 믿음으로 • 146

김순배 목사(1899년~1970년)
따뜻하고 겸손함이여 • 148 / 전도에 헌신하며 • 150

김형모 목사(1906년 4월 4일~1980년 12월 31일)
시련을 딛고 서서 • 151 / 선교를 위한 활동 • 153

박석순 목사(1913년~2004년)
기도와 겸손 • 154 / 오직 전도를 위하여 • 156

서현식 목사(1922년 12월 22일~1998년 5월 28일)
개척교회를 위하여 • 158 / 인재를 양성하며 • 160

제4부 …… 선교이야기

관광교회 건축
가야교회 • 162 / 구례 노고단교회 • 163 / 승주 낙수교회 • 164 /
승주 남강교회 • 165

선교 시범 지역
별량면 시범 지구 • 166 / 순천을 찾아온 귀빈 • 169 /
미국 초청 방문 • 170 / 미국의 개척 교회 • 172 /
통일로 이어지리라 • 174 / 선교의 용광로 • 176 /
성숙한 선교 • 178 / 민박이 이어지고 • 180 /
선교하는 가정 • 181 / 행복한 노인들 • 183 /
청교도들의 유적지 • 184 / 미국의 수도 워싱턴 • 186

순천지역 선교 100주년 기념 시집
선교이야기

세계로 뻗어 나가며
등대 빛 세계로 뻗어 나가며 • 188 /
제3차 개척 후보지 조사 및 3,000교회 개척 운동 • 189 /
낙도 선교 • 190 / 전도대 파송 • 192 /
아웃리치 총무 순천 방문 • 193 / 나성영락교회 • 194 /
순천 삼산교회 • 196 / 장학금 지원 • 197 /
남미 복음화대회 • 198 / 상파울루에서 • 201 /
동남아시아 선교지 방문 • 203 / 중국 선교지 제1차 방문 • 206 /
중국 선교지 제2차 방문 • 208 / 중국 선교지 제3차 방문 • 209 /
제2차 전국 개척 후보지 조사 • 210 /
제4차 전국 개척 후보지 조사 • 211 / 은혜를 감사하며 • 212 /
국제 동반자 선교회 평의회 참석 • 213 /
미전도 종족 선교(10/40창) • 216

등대선교회 30주년을 맞이하여
등대 창립 30주년을 맞아 • 218 / 북한 선교 • 220 /
하늘나라로 먼저 가고 • 222 / 선교 역사 박물관 설립 • 223 /
어두움을 걷어내고 • 225

순천선교 100주년 기념대회(2005년 10월 27일)
백 주년을 축하하며 • 226 / 오! 순천이여 • 227 /
세계로 뻗어 나가리 • 229

제5부 ······ 시련을 딛고 서서

두라섬 두라교회
시련을 승리로 • 232 / 사랑으로 용서하니 • 234 /
축복의 땅이여 • 236

화태섬 화태교회
부르심 받아 • 237 / 교회를 건축 • 239 / 시련을 이기고 • 240

순천 삼산교회
버려진 교회 • 242 / 오직 성령의 역사로 • 244 /
총동원 전도 • 245 / 다양한 전도 전략 • 246 / 경로잔치 • 247 /
여호와 이레로다 • 248 / 삼산교회여 • 250

호주 선교여행
미항 시드니여 • 252 / 수도 캔버라 • 254 /
차창을 바라보며 • 256 / 쓰라린 역사 • 257 /
하나님의 일꾼 • 259

출근길
매산등 • 260

인간 승리
처녀 목회 • 264 / 화태섬 • 266 / 마귀 아줌마 • 267 /
김넉넉 아줌마 • 268 / 시련을 이겨 내고 • 270 /
배와 그물 던지고 • 271 / 승리의 개가 • 272

하나님의 섭리 따라
부르심 받고 • 274 / 시련을 이겨 내고 • 275 / 새출발 • 277 /
선교를 위하여 • 278

아버지에게 보내는 편지
아버지에게 보내는 편지 • 280

이것이 인생이다(목사 사모의 신앙 간증)
신앙의 자유를 찾아 • 282 / 매산등 매산학교 • 284 /
새 출발 • 286 / 남행열차 • 287 / 삼팔선을 넘어 • 288 /

순천지역 선교 100주년 기념 시집
선교이야기

여순 반란 • 290 / 재출발 • 292 / 한국전쟁 • 293 /
섬 목회 • 294

목사 사모의 일기
말없는 전도 • 296

어머님께 드리는 편지
어머님께 드리는 편지 • 299

승리의 노래(목사 사모의 신앙 간증)
버려진 아이 • 302 / 방랑생활 • 304 / 고향이 그리워 • 306 /
새출발 • 308 / 절망에서 승리로 • 310

제 1 부
선교 시

새해의 기도

잔잔한 바다 위로
태양이 소리 없이 솟아오르고
하늘에 넘치는 찬란한 빛
소망이 피어나는
새해의 새 아침이여

어제의 어둡던 일들은
유유히 강물에 흘려보내고
따뜻한 가슴으로
시기와 질투는 사랑으로 덮어서
주님의 모습으로 닮게 하소서

새해에는 당신의 뜻을 따라
우리의 마음을 모두고 모두어서
내 깊은 바다 속까지
하나님께 영광이 드러나게 하소서.

2006년 새아침

내 고향

철선을 타고 한 시간을 달려가는 곳
그윽히 풍기는 동백꽃 향기
갯바위 위로 물새들 날고
갈매기의 은빛 날개 위로
수많은 추억들이 뭉게뭉게 피어나
꿈 속에 남아 있던 생각들이
옥녀봉을 감돌며 미소짓누나

동화 속에 자라던 우실포의 집
초라한 옛집 그대로지만
뒤돌아가면 맑은 샘물 솟아나
나를 반겨주고
어머님의 따뜻한 손길
내 가슴속에 닿아
서글픈 정이 흘러내린다

세월 따라 떠나버린 추억
밭에서 김매던 어머님
땀에 흠뿍 절인 그 모습이
가슴속에 되살아나니
그 때 그 시절이 그리워지네.

옥녀봉

옥녀봉 봉우리 위에서 바라보면
찬물내기 골짜기
계곡에 흐르는 맑은 물
아침 안개 피어 오르고
옹기 종기 누워 있는 움막들의
뜨거운 가슴들이
찬송가로 골짜기를 메웠네

산기슭 세워진 어머니 교회
한 세기의 흐름 속에
자리를 굳게 지켜 나가고
흘러간 세월을 속삭여 주며
앞서간 어른들, 친구들 이야기
옛 추억들이 눈 앞을 스쳐가네

안산은 길게 누워 있고
녹음 우거진 시야를 바라보니
친구들과 부르던 옛 노래
은은하게 흘러오고
등 뒤로 우뚝 선 봉화산은
옛 모습 그대로구나.

팔십 고개

옛부터 팔십 고개를
제 나이를 다 먹었다고 하는데
덤으로 사는 삶
감사와 서글픔이 오가는구나

생각은 깊어가고 꿈은 푸른데
몸이 곁길로 흔들리고
하얀 머리털 얼굴에는
주름살이 꽃을 피우면서
젊음을 뽐내던 추억
그 옛날이 그리워지네

주님의 부르심 따라 살며
언제 어디서나 고요히
손을 굳게 잡고
흔들림 없이 가려고 하네
빛 가운데로 여한이 없이
주의 길로 가려 하네.

추억

꽃다운 시절 사랑의 손을 잡고
가족들의 축복을 받으며
가약을 맺은 지 쉰일곱 해
기쁨과 슬픔이 교차하여라

주님의 종으로 부르심 따라
물새들과 같이 살던
그때가 눈 앞을 스쳐가노니
바다 건너 섬을 오가던
그 옛날이 어제와 같구나

주님의 섭리 따라
낯선 두라섬, 화태섬에서
열한 해의 성상이
가슴속에 흐르며
그리움과 감사의 정이 오가네

세월은 흘러도 산야는 변함없고
파도 소리 물새들의 곡예
오늘도 그 옛날을 속삭이며
옛 추억이 아련해지네

빛 가운데서
다시 만나는 그날에는
찬송과 영광이 넘치는
영원한 나라에서
만나리라 다시 만나리라.

↑ 농촌의 교회

붉은 노을이 되리라

중천에 미소를 던지며
하늘을 불태우며
바람 갈퀴로 먹구름을 밀어내며
어두움의 유혹을 뿌리치고
빛으로 수를 놓은
석양머리 붉은 노을이여

나의 선교 동역자 Miss J. Greenwald
초등학교 교사의 막을 내리며
고향 오하이오로 돌아가면서
내게 보낸 준 마지막 편지
늙음은 하나님의 선물이라는
그녀의 새 아침에도
밝은 빛으로 넘치어라

늙음은 서글픈 일이지만
하나님의 선물로 받아들일 때
서쪽 하늘 붉게 물들이는
저녁 노을이 되리

다시 시작하는 주님의 나라에서

영원한 새 아침을 맞이하리라.

↑ 농어촌 선교지의 모습

신앙고백

여호와는 영원부터 계시고
처음도 끝도 없으시도다
우주 만물을 창조하시고
창조된 만물은 여호와를 위함이라

창조를 쉼 없이 계속하시며
만물을 여호와의 영광을 위하여
운행하시며 섭리하시나이다

여호와의 창조를 계속하심은
하늘과 땅, 사람으로 나타나지만
반드시 생명 된 사람의 영 속에 계셔
창조의 역사를 완성하시나이다

주님은 하나님의 독생자시요
아버지의 충만한 영광 주님 안에 계시고
십자가의 보혈로 하늘과 땅과 만물을
주님 안에서 하나 되게 하셨나이다

주님은 교회의 머리시요 근본이시며
죽은 자 가운데서 다시 사시어

하늘과 땅과 만물을 화평케 하시고
주 안에서 구속하셨나이다

순종하는 가슴속에 신령한 지혜와
총명으로 충만케 해 주시고
주님의 오묘한 진리를 알게 하시며
베푸시는 능력으로 역사하시어
하나님의 도구로 사용하시고
창조의 역사를 이뤄지게 하셨나이다

이름도 없고 빛도 없는 외로운 외길
영광의 힘을 좇아 능하게 하시며
기쁨으로 시기, 질투, 멸시, 천대 견디게 하시고
안으로 타오르는 울분 오래 참게 하시어
주님의 발자취를 따라가게 하시네

기업을 얻게 축복해 주시고
영원토록 주의 나라에서 살게 하시는
아버지의 은혜를 감사하나이다.

제 2 부
선교사들의 이야기

■ 배유지 선교사(Rev. Eugene Bell)
(1895~1904 목포, 1904~1925 광주)

전남 선교의 선구자

이리 떼가 산야를 질주하고
강 건너 까마귀들 하늘을 날며
칠흑같이 어둡고 메마른 땅에
무거운 십자가를 지고
1895년 조선 땅에 첫발을 딛고
멸시 천대 십자가를 지고
이름도 빛도 없이 주님 부르심 순종하여
오직 선교를 위해 뜨거운 가슴 불태우면서
1897년 목포선교부에 부임하였네

주님의 인도하심 따라 부지를 매입하고
양동제일교회를 설립하여
한반도 서남 첫 열매 거두어들이고
말을 타고 지방, 지방을 다니면서
천막을 치고 복음 집회를 열고
복음 전하는 일에 몰두하면서
목포선교회는 열매를 맺어 영글었어라.

슬픔을 안고

잔잔한 봄바람이 불어오는 1901년
새들이 노래하고 벚꽃이 만발한 4월
배유지 선교사의 부인 질병이 악화되어
세상을 떠나 이 땅에 묻히었나니

찢어지는 가슴 슬픔을 안고 고국으로 떠났으니
선교의 결심 허물어지는 슬픔이여
동료 선교사들의 기도가 이어지면서
배유지 선교사의 헌신은
결심을 굳히고 다시 돌아왔으니
할렐루야 아멘 아멘

외로움과 슬픔 달래며 선교를 위해
농촌마을 방문하여 복음 전하여
교회가 개척되고 복음의 열매 익어가니
불길이 타오르는 성령의 역사여라

배 선교사 집 사숙으로 시작한 학교
개화의 눈을 밝혀 많은 인재를 양성하여
오늘의 정명학교로 성장하였나니
주님의 은혜와 섭리에 감사하여라.

광주 선교의 아버지

성령의 역사로 호남 일대에
복음이 번져 나가 선교부를 설립하니
1904년 12월 25일
광주선교부로 오기원 선교사와 함께
이사하여 배유지 선교사 집에서
성탄절 밤에 유지들을 초청해 예배드리니
양림교회의 시작되어
광주지방 교회로 첫 열매를 맺었어라

배유지 선교사는 광주선교부 주역으로서
주님의 도구로 헌신하면서
학교와 병원을 설립 교회를 개척하여
복음의 넝쿨로 쑥쑥 뻗어나가
복음의 열매 거두었나니
정열적인 선교의 얼이여.

역경을 딛고 서서

심한 역경 속의 배유지 선교사
둘째 부인 차 사고로 순직하면서
선교사의 가슴 미어지고
슬픔이 이어지는 고통을 당하면서
견딜 수 없는 마음 인내하며
십자가를 지고 주님을 따라가면서
선교로 역경을 이겨냈어라

광주 선교사 묘역에 자신도 묻혔나니
선교사의 투철한 그 사명감
정열적이며 희생적인 선교의 얼이여

묵묵히 순종하는 종에게
성령의 역사가 임하여 권능을 받고
가슴이 불길로 타올라서
헌신 희생하면서
능력 주시는 자 안에서
할 수 있다는 것을 확신하면서
주님의 나라가 이루어지고

주님께로 돌아간 배유지 선교사

역경을 이겨 내면서
자신의 명예 자랑 다 버리고
주님의 영광을 위하였으니
크신 업적들 영원히 빛나리라.

↑ 배유지 선교사(오른쪽)

선교의 얼이 이어지리

삼사 대로 이어지는 선교의 얼
순천의 외손 인휴 선교사로
광주선교사 인도아 선교사로 이어지며
사대손인 인휴 선교사의 아들들이
1995년 배유지 선교사의 한국 선교 일백 주년
기념 사업으로 유진벨 재단을 설립하고
북한의 결핵진료소 지원하면서
복음 전하고 교회를 설립하기 위한
창조적인 접근을 시도해 나가면서
주님의 사랑 실천 감사함이여

벨 선교사의 한국 사랑의 뜨거운 얼
인휴 선교사의 북한 복음화 위한 비전
인도아 선교사의 북한 선교 열정
선교의 얼을 이어받은 사대손들
유진벨 정신으로 하나로 뭉쳐
7천만 민족의 숙원인 통일로 이어지는
밑거름이 되소서

북한에 복음의 문이 열려지리라
헌신적인 선교의 얼이 불길로 타오를 때

정열적이고 성실한 접근이 이뤄질 때
이름도 빛도 없이 묵묵히 봉사할 때
신뢰가 회복된 종들을 통하여
북한에 복음의 꽃이 피어나리라.

↑ 인휴 선교사 가족

순천지역 선교 100주년 기념 시집
선교이야기 — 제2부 선교사들의 이야기

■ 오기원 선교사(Rev. C.C. Owen)
(1895~1904 목포, 1904~1909 광주)

순천 선교의 개척자

광주선교부에 부임한 오기원 선교사
전남 선교에 큰 역할을 하면서
순천 선교구역 배정을 받아
보성, 고흥, 광양, 여수로
말을 타고 다니면서
복음을 전하였고 인재를 발굴하고
지원근 조사와 보성지방 전도하고
조상학으로 순천지방에 전도케 했네

복음 진리를 가르치는 목사로서
환자를 치료하는 의술로 전도하여
더욱 효과적인 선교가 이어지면서
선교의 불꽃이 활활 타올라
선교사 주재 전에 31교회 개척되어
비약적인 성장이 이뤄졌나니
선교사들의 가르침이 아니겠는가

어둡고 미개한 100여 년 전

좁은 들길 험한 산길 가난한 땅을
걸어다니며 선교한 것은
기적이요 신화적인 역사이어라

선교는 머리로 하는 것이 아니요
성령이 충만하여 가슴 불길로 타오르고
발로 뛰어다니며 복음 전하는 정열
부귀 명예와 가족을 다 버리고
헌신으로 성숙되나니
오기원 선교사의 정열과 비전이
하나님의 위대한 섭리를 이뤘어라
존귀와 영광 세세토록 받으리로다.

↑ 오기원 선교사(가운데)

영원한 나라로

부임 이래 광주선교부에 불철주야로
뛰어다니며 선교밖에 모르고
뜨거운 가슴 잠재우지 못해
이백 리 떨어진 농촌지역을 방문하여
전도에 몰두하여 피로에 지쳐서
폐렴에 감염되어 주께로 가셨으니

정열적이며 헌신적인 선교의 얼
광주 선교 묘역에 고이 잠드시고
그 얼을 이어받은 부인 사 남매 아이들과
귀국을 거절하고 광주에 남아
뒤를 이어 선교한 선교사 가족이었네

그는 가셨으나 선교의 얼로
한국 교회가 성장하였고
세계로 뻗어가는 밑거름이 되었나니
이 땅에 영원히 영원히
우리의 가슴속에 살아 있으리.

■ 맹현리(孟賢利) 선교사(Rev. H. D. McCallie)
(1907~1930 목포)

젊음과 행복을 섬 위해

섬 선교의 원조로 불리우는
가슴이 불타는 맹현리 선교사
1907년 부르심 받아 목포에 부임
성질은 괴짜지만 마음이 뜨겁고
섬 선교의 사명 이글거리는 사명으로
거친 바다 넘실거리는 물길 따라
이 섬 저 섬 다니며 복음 전했네

남해안 섬 구석구석 돌아다니고
여수 금어도 우학리 교회 찾아드니
교인들이 모여 찬송 부르며
방에서 마당까지 가득 메웠어라

우리 주님 만난 듯이 피로함도 잊은 채
이글거리는 가슴 밤새 부른 찬송
앞뒷산 골짜기에 메아리치고
성령의 단비로 자라는 믿음이여.

한국의 고도 소흑산도에

활활 불타는 선교의 얼이
가슴속에 용솟음치니
뜨거운 가슴 잠재우지 못해
목포에서 소흑산도까지

고요한 새벽이면 중국에서
새벽닭이 우는 소리 들을 수 있는
멀고도 먼 파도에 묻힌 소흑산도
정기 여객선이 없는 소외된 고도
동화 속의 이야기 같은 섬이어라

섬 주민들의 영혼을 위해
어선에 실려 소흑산도 찾아가
복음을 전하고 교회와 학교를 개척하니
흑산도 사람들께 복음 빛을 밝혀 놓고
조업이 끝이 나면 목포 돌아왔으니
기약 없는 긴 선교여행이었네

65년 목포지방을 위한 선교사
인도아 목사 홍대집 장로
교인들의 초청으로 어선을 타고

소흑산도를 방문하여
노인들의 반가운 영접을 받았어라

옛날에 당신같이 코가 큰 서양 사람
복음 전하여 개척한 교회와 학교
일제의 핍박으로 다 사라지고
늙은 우리들만 남아 있다는 꿈 같은 이야기
다시 빛이 밝아졌으니 감사함이여.

↑ 맹현리와 여선교사들

잘 어울리며

맹현리 목사는 소탈하고 검소하여
한국 음식을 잘 먹으며
한국 오두막집 허리를 굽혀 들어가는
고생을 이겨 나간 소박한 삶이여

가난하고 무지한 섬 주민 위해
배와 그물, 행복, 정열을 다 바쳐서
뿌려 놓은 복음의 씨앗이
세월이 흘러 흘러 한 세기 지난 오늘
열매 영글어 섬마다 교회가 세워지니
주님 영광이 영원하리로다.

- 변요한(邊要翰) 선교사(Rev. John F. Preston Jr.)
  (1907 목포, 1913~1940 순천)

우뚝 선 십자가

1911년 순천선교부 설립 자금과
호남지방에서 선교할 33명의 일꾼들
선교비 모금 위해 본국을 방문 중
조지 왓츠를 만나 크게 감동시켜
선교 부지 건축비 일만 삼천 불 봉헌하고
수년 동안 매년 일만 삼천 불씩
선교사 생활비로 지원했었네

순천 매산등에 20,000여 평 부지 구입
선교사들 주택과 매산학교를 건립하여
1913년 순천으로 이사와서
고라복 선교사와 함께 선교하고
안력산병원 설립하고 개원하여
선교부가 제자리를 잡으셨다네

농촌 교회를 개척하고 섬 지방 복음 전해
우학리교회의 당회장으로
매년 방문하여 교회를 살피고

어업하는 교인 큰 생선을 잡아
한 마리 변 목사에게 선물을 드리니
변 목사 반가이 받으면서
'이러한' 대접은 처음이라고 할 말을
'이까짓' 대접은 처음이라고 하여 웃기고

순천지방 변 목사 설계로 지은 교회들 많고
우학리교회를 건축할 때에도
중국 목수 보내 빨간 벽돌 구워내
옥여봉 기슭에 우뚝 세워진 십자가
은은한 종소리 주님의 영광 울려퍼졌네

건축비 대부해 주고 빚을 갚은 돈으로
다른 교회를 많이 건축하였으니
교인 스스로 건축하고 자립하는
네비우스 정책을 펼쳐 나갔어라.

믿음의 아버지

1987년 10월 애틀랜타를 방문하여
남장로교 선교 본부에 들르니
반기면서 순천 선교의 아버지
변요한 목사의 묘소 방문하라 권하여
미철 선교사와 함께 묘소를 방문하였네

부인과 함께 105세까지 살면서
부르심 받아 나란히 고이 잠들고
자동차 운전까지 했다는 건강의 축복
어렸을 때 우학리교회 순회를 와서
뒷동산에서 엽총으로 사냥할 때
따라다니던 옛 추억이 새로워졌네

할아버지, 아버지 장인, 장모에게 세례 주고
아내가 유아세례 받은 믿음의 아버지여
정열적이고 이글거리는 가슴과
능력 두루마기 내게 달라고 기도했어라.

■ 고라복(高羅福) 선교사(Rev. R.T.Coit)
(1913~1929 순천)

슬픔을 달래면서

불타는 가슴들이 위험한 줄 모르고
선교의 긴급성을 인식한 선교사들
미완성된 순천 주택에 이사하여 살면서
전염병에 감염된 부인과 두 아이

이질은 외국인들 회복하기 어려운데
두 아이들 이질에 감염이 되니
부인은 아이들을 간호하다가
이질에 걸려 동료 선교사들의 기도와
보살핌에 부인은 회복되었으나
이국 땅에서 아이들 주님 나라 보내지니
어버이의 가슴 찢어지는 슬픔이여

슬픔을 달래면서 광양 지방에 복음 전해
주님의 나라가 뻗어 나가니
결실의 포도송이 주렁주렁 익어가며
주님의 나라 영원히 빛나리라

광양읍교회 고라복 목사 기념교회 세워지고
1933년 순천노회 교육관 앞에
당신의 선교기념비 세워졌으니
님은 주님 나라에 가셨지만
선교의 얼은 우리와 함께 영원하리라.

↑ 순천 성경학교(배유지 선교사와 고라복 선교사)

■ 조지 왓츠(Mr. George Watts)

주님께 드림이

조지 왓츠는 1911년 변요한 목사 만나
열정적인 조선 선교의 보고를 듣고
성령의 큰 감동을 받아
순천선교부 부지 구입, 선교사 주택
매산학교 건립 자금 봉헌과
선교사 생활비를 지원한 공로
잊을 수 없어 기념관을 건립하여
교육관으로 사용하며 지도자를 양성하고
오늘의 박물관 건물이 되는
유서 깊은 역사의 요람이어라

조지 왓츠의 주님께 드림이
수만 배의 결실이 맺혀졌으며
지금도 만민에게 복음을 전하여
아름다운 열매들이 영글어가고 있나니
영광일세 영광일세
세세토록 주님께 영광이로다.

- **타마자 선교사**(Rev. JohnVan Neste Talmage)
  (1910~1942, 1947~1954 광주 1947~1955)

오직 주님의 종으로

1910년 3월 8일 한국 선교사로 임명되고
7월 15일 목사안수 3일 후에 결혼하고
7월 26일 샌프란시스코에서 출발하여
1910년 한일합병 3일 전에 한국에 도착
주님의 종으로 무거운 십자가를 지고
광주선교부에 부임하였네

신혼의 단꿈도 다 버리고
일평생 선교 위하여 그물을 던지고
정확한 발음에 한국어 일본어 한문을 익히면서
세심하고 정확한 일처리에
유머 감각과 즐거운 삶의 모습
많은 이웃들에게 기쁨을 보내주며
성경연구와 고고학에 이르기까지
정열 쏟아 하는 강의로 감동을 주었네

많은 시간을 농촌에 바치고
담양지방 흉가 사서 선교 중심지를 삼으면서

쉽게 지방인 만나 전도할 수 있었고
주님의 종으로 사명을 불태우며
뜨거운 청춘을 주님께 헌신한 선교사여라

타마자 선교사는 예견이 있었으니
대전대학이 설립된 오정리 한남대학과
성경학교 설립을 위한 토지를 매입하여
정부와의 갈등을 잘 처리하고
한국전쟁으로 프로젝트가 중단되었다가
전쟁이 끝난 후 타마자 목사 다시 돌아와
대전에 설립은 하나님의 섭리요
타마자 선교사의 미래에 대한 예견
한남대학과 성경학교 설립하여
충청도 선교의 교두보가 되었어라

선교부 철수하란 권유에도 불구하고
나환자병원 운영 선교부 재산 관리
일신의 안일보다 투철한 사명감으로
옥중의 고생을 달게 받으면서
옥중투쟁으로 선교부 재산을 지켜내어
선교부 재산 정리하는 막중한 일처리
맡은 일에 충성한 주님의 종이어라

1954년 광주 성경학교 강단에서

선교사들과 개척하는 호남지방 교역자들
수련회를 개최 한 자리에 모여서
교제가 이어지며 은혜가 충만한 자리
타마자 선교사 구약을 강의하면서
고고학적으로 풀어 해석해 주는
정확한 발음 유머가 풍부한 말씀
지금도 내 마음속에 살아 있어라.

⁑ 타마자 선교사(가운데)와 담양교회

■ 구례인(具禮仁) 선교사(Rev. John Curtis Crane)
(1913~1940, 1947~1953 순천, 1954~1956 서울)

청교도의 믿음

철저한 청교도 믿음의 소유자이며
조직신학 박사로 널리 알려진
선교사들 중 유식하고 깊이 있는
명강의로 사람들 마음 사로잡고

매산학교 초창기 교장으로
어두운 세상을 밝히고
농촌 선교에 정열을 쏟아
고흥지방 농촌 마을 방문할 때마다
순천서 자전거를 타고 고흥 농촌까지
전도의 정열 불태웠어라

고흥지방에 많은 교회를 개척하고
고흥읍교회 김상두 목사와 함께
자전거를 타고 마을마다 방문하면서
집집마다 쪽 복음과 전도지를 뿌려
젊음을 불태우며 복음 전했네

방문 전도를 마치고 자전거 타고
벌교와 고흥 사이 뱀재를 넘어
꼬불꼬불 험하고 돌이 많은 길
김 목사 구 박사 함께 넘어오는데

구례인 박사는 술술 잘 내려오고
김 목사는 돌밭 길을 두려워하여
주여 주여 기도하며 내려오는데
밑에서 기다리는 구례인 박사 뿔이 나
김 목사 왜 하나님을 괴롭혀요?

하나님께서 우리를 감찰하신다는
어린애 같은 순진한 믿음
미국의 정신적인 지주로 버티어 온
청교도들의 철저한 믿음이여
미국을 축복의 땅으로 만들어 놓았어라.

↑ 구례인 선교사 부인 그림

일하는 자에게 주시는 하나님의 축복

1946년 가을 구 박사를 초청하여
부흥회를 인도한 우학리교회
청년들이 교회 안에 가득 메워서
주님의 은혜 충만하게 흐르고
창세기 3장 19절 말씀
땀 흘리는 수고 따라 주시는 축복
하나님은 일하는 자에게 주시고
일한 만큼 채워 주신다는 말씀

이 자리에 참석한 청년들이여
사랑하는 여러분 내일부터 일하세요
하나님께서 일한 만큼 주실 것이라
일이 없습니까 일을 찾으세요
내일 아침부터 길도 쓸고
허물어진 길을 고쳐 주게 된다면
하나님께서 반드시 주실 거라는
확신이 서린 그 말씀 가슴속에 와 닿아
지금도 나의 목회 철학이 되었어라.

- 백미다(白美多) 선교사(Miss Meta L. Biggar)
  (1910~1913 광주, 1913~1949 순천)

첫사랑의 꽃

한국 선교에 불붙어 순천에 온 선교사
처녀의 몸으로 젊음을 불태우고
키와 눈이 큰 미국 사람다운 체구
매산등에 세워진 여학교 교장으로
가난하고 무지한 여성들 위하여
심신을 다 바친 백미다 선교사

뜨거운 정열 송두리째 주님께 드려
여성들의 무지함을 열어주고
뜨거운 가슴으로 개화의 불길 지펴

고학생을 위하여 장학금을 마련하고
공장을 운영하며 일하면서 공부하도록
그물을 던진 어부가 되어
첫사랑의 꽃을 피운 여장부여라

일제의 강점 아래 많은 고초 당했고
신사참배를 반대하여 철수 당했으나

당신의 고귀한 선교의 얼이
많은 제자들의 가슴속에 심어져
가정과 교회를 위해 헌신하고
성령의 역사로 복음이 뻗어나가
열매가 주렁주렁 맺혀졌으니
영광일세 영광 주님께 영광 돌리리.

↕ 백미다 교장

- 원가리 선교사(Rev. J.Kelly Unger)
  (1921~1925 광주, 1926~1940 순천, 1948~1952 순천)

세계 제일의 미인

초창기 선교사로 젊음을 불태우고
한국 선교사로 광주를 거쳐 순천 와서
매산학교 교장을 역임하고
농촌 선교에 봉사했고 애양원 원장으로
어려운 나환자 위하여 생을 바치며
신사참배 거부로 철수 당하고
해방 후 다시 나와 헌신한
복음 전파 불타는 선교사여라

미국에서 일할 곳이 많지만
한국 사랑 뜨거운 가슴 사르지 못해
다시 나와 심신을 다 던져 봉사했고

유머가 많은 원가리 선교사
교회 가서 자기를 소개할 때는
내 눈을 보고 원숭이 선교사라고 하지만
한국 사람들의 눈은 생선같이 생겼다고 웃기며
아내를 소개할 땐 유머로

세계에서 가장 미인라고 웃겼는데
키가 작고 미인은 아니었어라.

↑ 순천선교부 전경

- 보이열 선교사(Rev. Elmer P. Boyer)
  (1927~1940 전주, 1947~1965 순천)

꽃다운 젊음을 불사르며

1921년 꽃다운 청춘을
주님 뜻 순종 전주에서 선교하였고
1946년 순천선교부에 부임하여
자신의 삶을 불태운 보이열 선교사

육중한 몸 정열에 불타는 가슴
육지와 섬 가리지 않고
복음 전하고 교회를 개척하는 일이라면
가정과 몸을 송두리째 바쳐서
정열적이며 헌신적 선교의 뜨거운 얼을
유감없이 불태운 보이열 선교사

순천노회 농어촌 교역자들은
목사님 도움을 받아 교회를 개척하고
신학교를 갈 때는 풍성한 장학금
많은 목사를 양성하는 등
농촌 교역자들의 아버지 보이열 선교사

농촌지방 25개척 교회의
당회장 맡아 춘추로 교회를 방문하며
오후 시간은 학습 세례 문답을
두 시간 이상 긴 시간 문답하고
밤 예배시간 학습 세례를 베풀었네

가정을 20일 이상 떠나 순회하면서
손수 식사를 요리하고
불편한 농촌 교회, 방, 화장실 등
고생과 수고를 뜨거운 가슴으로 가리지 않고
농촌 교회를 지극히 사랑한 보이열 선교사

교회 순회를 마치고 집에 돌아오면
아이들이 아버지의 얼굴을 잊어버리고
놀라며 어머니 품으로 도망쳐 가며
엄마 도둑놈이 왔어요 고함을 치고
오직 교회밖에 모르는 보이열 선교사

애양원 원장으로 나환자들을 위하여
헌신하면서 한성신학교를 설립하여
나환자를 위한 목회자를 배출하였고
대전에 성경학교를 설립하여 교역자 양성
다양한 봉사로 꽃다운 청춘 불태우고
반세기를 한국 위하여 배와 그물 던진

주님의 종 보이열 선교사

70세가 정년인데 선교지를 떠나기 싫어
3년을 더 연장하여 선교하면서
지방 교회 순회할 때 나와 함께 동행했는데
안 목사, 70세가 넘으니 노망기가 있어요
40대 건강한 저에게 이해가 안 가는 말
80고개를 넘으니 보 목사의 말 이해가 되네

보이열 선교사 인정이 많아
순천 목사를 달마다 자기 집에 초청하여
좌담회로 모이면서 선교의 교제를 나누고
교회들을 염려하면서 대책을 의논하고
어려운 일들을 위하여 기도하며
크리스마스 때는 목사들의 내외를 초청
식사를 대접하며 성탄을 축하하던
그때 그 시절이 추억으로 남아 있어라

보이열 선교사는 유머가 많은 선교사
나라도 섬 구룡금교회 방문할 때
조 집사 그물에 걸린 오징어 한 마리
목사님께 선물로 드리니
손수 기름 발라 요리해 먹어 보니
단단하고 쫄깃해서 먹을 수 없어

조 집사 조 집사 부르는 소리 가보니
고무요 고무 못 먹어 돌려주었어라

보이열 선교사의 아들 보계선 선교사
아버지의 불타는 정열을 반만 받았어도
훌륭한 선교사 될 수 있었는데
반도 못 받았다고 한탄하는 말이
지금도 내 귓전에 살아 있어라.

↑ 보이열 선교사

- 인돈 박사(Dr. William Linton)
  (1912~1960 전주 신흥학교, 대전 한남대학교 설립)

눈을 밝혀 주며

전주 신흥학교의 교육 선교에 정열을 쏟고
신사참배 거부로 철수를 당해
해방 후에 다시 나와 신흥학교 교장으로
한국전쟁 때는 피난 생활을 하면서
가난한 학생들을 도와 인재를 양성하고
폐쇄된 시대에 눈을 밝힌 교육자

일본 순사 호구조사 나와서 식구를 물으니
강아지, 고양이, 쥐 열한 마리요
일본 순경 화를 내니
이들 다 우리집 식구라고요
비아냥에 순사를 골려 주었어라

농촌 교회 방문하여 장터 길 주차하여
잠깐 빈 사이 일본 순경 차 문을 열고
클랙슨을 빵빵 누르니
인 박사 등을 치며 야 이 도적놈아
남의 차에 무단 침범하느냐고 호통 치니

순경은 무안해서 돌아갔어라.

(송기철 장로 제공)

↑ 인돈 선교사 결혼

- **조요섭 선교사(Rev. Joseph Hopper)**
  (1955~1973 전주선교부 농촌 선교 담당)

미소를 던지며

미소짓는 첫인상 조요섭 선교사
대인관계가 원만하고 평안해
농촌 교회 방문하며 선교의 얼이 뜨거워
가난한 교인들 학생들을 도우며
목사를 많이 배출하였으며 매사가 확실하여
아니요 예가 분명한 선교사여라

남원지방 교회를 담당하고 방문
교회서 밤 예배를 드리고
다음날 아침 운동 겸 사냥을 하는데
개울에 한 쌍의 행복한 오리 두 마리
총으로 겨누어 잡고 조 목사 의기양양
오리 두 마리 잡았다고 집사님 집에 오니
집사 집에서 애지중지 기르는 오리
집사는 말도 못했는데 전주로 돌아와서
사실을 알고 오리 값을 배로 물어주어
송금한 것 꼼꼼한 조 목사의 처사여라

임실군 농촌 교회 당회장 시무할 때
많은 비로 건널 수 없는 냇물
돌아가려고 차를 돌렸는데
마침 술 배달부가 술을 싣고 건너니
조 목사 술 배달부도 가는데
복음을 배달하는 우리가 못 가리
옷을 벗어 머리에 얹고 강을 건너서
교회를 방문한 일 잊을 수 없어라

조 목사 유머를 잘하는데
서울 가면 사무실에 타 요한 선교사
남매지간으로 만나며 유머로 좋다 하는데
안광국 목사 들어오니 안 좋다 하며
하하 웃기며 즐거워하고

한국 교회가 분파로 분열될 때
한국 교회 새벽기도 열심히 하는데
싸움도 열심히 한다고 웃기기도
생각해 보면 웃을 일이 아니었어라
정년이 되어 떠날 때 연장하자고 권하니
쫓겨나기 전에 스스로 가야지요
미련 없이 떠난 조 목사
귀국해서도 모금해서 등대선교회로 보내 주는
등대를 사랑하는 선교사여라

귀국 후 건강이 악화되어 오래 못 살고
주님의 나라 갔으니 섭섭함 금할 길 없어라
조요섭 선교사 하늘나라로 가고
홀로 외롭게 남아 있는 부인
농촌 교회를 사랑하는 조 목사를 생각하면서
헌금하여 서울 선교부 사무실로 송금하면서
생전에 사랑하던 등대선교회를 통해서
기념교회를 건축해 달라는 자금으로
남면 여천동교회를 기념교회로 건축
선창에 내리면 숲속에 우뚝 선 종각
조 목사의 선교의 얼 말없이 전해 주네.

↑ 조요섭 선교사 농촌 전도

- 보요한 선교사(Rev. John Folta)
(1955~1991 전주선교부 농촌 선교 담당)

완행열차

성격이 꼼꼼하고 침착하여서
아무리 급한 일이 있어도 서둘지 않는 성격
차를 운전하면서 한 번도 속도를 위반한 적이 없기에
약속 시간을 자주 넘기는 일이 있었고
선교사들이 지어준 명예스러운 별명
보요한은 완행열차라고 웃겼으며
기차 출발 시간에 집에서 늦게 떠나니
열차는 가버리고 집으로 돌아오는 일
비행기가 3분을 기다리다가 떠났으니
보요한 선교사는 과연 완행열차였네

시골 교회를 순회할 때도 불편 없고
맨바닥에서 잠을 잘 자고 잘 먹고
소탈하고 친근하며 가난한 사람 도우며
어려운 사람을 보면 마음 아파하고
인정이 유별나 신학생들을 많이 도와
선교의 뜨거움을 불사르는 충성된 선교사

한국 농어촌 선교를 사랑하여
선교사들 중에 마지막에 떠난 선교사
막내며느리로 한국 여자를 택한
한국을 사랑하는 선교사여라

1987년 제주도 개척 교회 방문할 때
한국 사람 같은 친밀감 느껴지고
부인은 간호사로 봉사하는데
제주도 선교회관에서 이박 삼일 같이 지내면서
보 목사 소년같이 아침에 팬티만 입고
운동한다고 돌아다니는
소탈하고 마음 고운 선교사여라.

- 서고덕(徐高德) 선교사(Rev. Jack Brown Scott)
(1952~1958 순천)

아쉬움을 남기고

뜨겁게 불타는 가슴으로
순천선교부에 부임한 총각 선교사
농어촌 선교의 사명을 갖고
불철주야 각 지방 교회들을 방문하면서
정확한 발음 한국말로 설교하며
구약학을 전공하여 강의를 잘하는
실력이 넘치는 유망한 선교사였네

섬 지방 개척 교회를 방문할 때에
교회서 정성껏 준비한 저녁식사
예배를 마치고 돌아와서 교인들과
사귀면서 즐거운 시간 나누고
한밤중 저녁에 먹은 음식 중독으로
구토와 설사 화장실을 드나들면서
한국 농촌에서 선배 선교사들이 당한
고통을 감수하는 안타까움이여

다음날 아침 여객선을 타고 여수까지

순천에 도착하여 수일 동안 고생하였고
그러나 선교를 멈추지 않고
계속해서 농어촌 교회들을 순회하는
뜨거운 가슴 복음을 전하는 정열이여

섬 지방 순회하면서 고생이 심하지만
남면의 땅 끝 섬 연도에 다시 방문하고
다음날 역포 부락에 전도하고
밤에 전도 집회를 하는데
미국 사람을 처음 보는 노인들
구경 삼아 나와서 서 목사를 지긋이 보며
양놈들은 원숭이 같다고
원숭이를 보지 못한 영감들 웃기어라

간호사로 선교하는 여 선교사와
친구로 사귀면서 사랑이 무르익어
결혼으로 이어지니
동료 선교사들의 축복을 받으면서
신혼생활의 단꿈 행복과 기쁨이
강물처럼 흘러내리고

선교를 멈출 수 없는 뜨거운 마음
농어촌 교회를 돌아보면서
밤늦게 돌아오는 남편에게 불만을

부인과 정한 시간에 돌아오기로 약속하니
잠을 이루지 못하고 기다리는 부인
안타까운 마음 헤아려지며

남편만 의지하는 부인의 마음
외딴 텅 빈 집에서 홀로 기다리며
한 시간도 떨어질 수 없는 신혼의 단꿈
시간을 기다리며 잠을 잘 수 없는
외로운 여자의 마음이여

부인의 요청으로 농촌 교회 순회할 땐
정한 시간에 꼭 돌아오기로 약속했으니
서 목사의 마음 조급하고
농촌 교회 사정 여의치 못해
시간을 어길 때마다 벌을 받기로
약속한 대로 다음날 아침 다락에서
책을 머리에 얹고 벌을 받았으니

어학선생 명 전도사 아침 아홉 시에
출근하니 벌을 받고 있는 서 목사
명 전도사 쪼금 기다려요 지금 벌 받아요

부인의 성화에 견딜 수 없어
서 목사 선교의 의지 좌절되어

정열적이며 헌신적인 선교의 얼
실력 있고 사명감이 강한 유망한 선교사
가정 문제로 돌아가는 아쉬움이여

1978년 미시시피 잭슨에서
신학교 구약학 교수로 강의하는
서고덕 목사의 소식을 듣고
며칠 동안 머무는 시간이 있었으나
만나지 못한 아쉬움이여.

■ 설대위 박사(Dr. David John Seel)
(1952 전주 예수병원 의사, 1969~1987 원장)

주님을 본받은 겸손

전주 예수병원 의사로 헌신할 때
암 치료 전문가로 이름을 날리고
재활의 길을 여신 선교의 뜨거운 얼
당신의 손길 미치는 곳마다
복음의 열매 영광의 빛이
전주병원으로 밀려 넘쳐흘렀어라

안식년을 맞이하여 본국에 돌아가니
미국의 큰 병원 설 박사의 인술에 반해
연봉 10만 달러 돈으로 유혹하나
가난한 한국인 위해 드려진 한 몸
선교의 불 태우며 단호히 거절하였어라

선교사들 중에 손해 보는 의사직
박봉을 받으면서 주님께 붙잡혀
묵묵히 순종하는 정열적인 선교의 얼
선교를 위하여 불태워 살았으니
주님께 영광이 돌아가리로다

1965년 가을 머리 정수리에 사마귀
암이 될 수 있다는 의사의 말에
날마다 잠을 이루지 못하고 근심하며
배치수 선교사의 소개장을 갖고
선교사들이 농담으로 설된 의사라고 하는
설대위 선교사를 찾아가니

겸손하게 목사로 대접하면서
수술받으면 된다는 말에 마음이 놓이고
수술실에 2명의 의사와 간호사들
수술을 마치고 의사들의 불평
간단한 수술로 끝났으니
설 박사의 겸손한 믿음 감격하였어라.

↥ 전주예수병원

■ 나빈손 선교사(Rev. Robert. K. Robinson)
(1949~1980 목포, 대전)

나는 빈손이요

정열적인 선교사로 알려진 나빈손 목사
평신도 훈련을 위하여 헌신하면서
개인 전도 성경 해석 독특한 방법으로
교회의 성장을 위하여 헌신하면서
유머를 곁들이며 강의를 잘하고
개척 교회를 위하여 가슴에 불태웠네

충남 서산지방 무교회 부락에
개척하면서 사귄 선교 동역자
명랑한 웃음 재미있는 유머들이
순간순간 튀어나와 피로를 풀어줬네

개척 교회 교역자들 어려울 때마다
도와 달라고 요청해오면
나 빈손이요 하며 손을 번쩍 들어서
농담을 하며 하하 웃어대는
명랑하고 소탈한 선교사여라.

개척 교회 돌아보며

서산읍 교회서 시무하는 고 목사
제주도 출신으로 성격이 급한데
호호 방문하여 전도하면
교회 나온다는 대답은 술술 나오는데
교회는 안 나온다는 말에
나 목사 웃으면서 5년 후에 나온다는
충청도 사람의 기질이 그렇다고

서산지방 농촌 교회를 순회할 때
안 목사님 오늘은 이북 갑시다
이북 가면 김일성이 만날 수 있소?
농담으로 알았는데 서산군 이북면
면소재지 이북교회 찾아드니
우리를 영접하는 김일성 전도사
나 목사 말대로 김일성이 만났어라

정열적이며 사명감이 투철한 선교사
전도를 위하여 몸과 마음 헌신하고
뜨거운 가슴이 불길처럼 타올라
선교를 위하여 다 드린 선교사여라

부인이 몸이 약해 본국으로 갔는데
부인은 회복되어 지금까지 살지만
나 선교사 암으로 얼마 못 가서
주님의 나라에 갔으니 섭섭함이여.

↑ 선교 여행

- 배치수(裵治水) 선교사(Rev. Ernest W. Petti)
  (1953~1956 전주, 1960~1967 순천)

인정이 있어라

1960년 1월 처음 만난 배치수 선교사
꼼꼼하면서 불 같은 급한 성격
인정 있고 베풀기를 좋아하며
선교에 투철하고 정열이 넘쳤네

처음 만난 사람에게 인사할 때
나는 배추씨 선교사라고 소개하며
몸을 움직이며 제스처를 하는 것이
인상적이며 그 모습이 눈에 선하다

겨울에 농촌 교회를 순회할 때
헐벗고 떨며 가는 사람이 보이면
차를 멈추고 자기 입은 코트를 벗어서
어깨에 걸어 주는 주님의 사랑을
생활 속에서 보여주는 아름다움이여

보성지방 순회 후 순천 가까이 왔을 때
거리에서 헐벗은 거지를 보고

옷을 벗어주지 못한 것이 후회가 되어
밤이 새도록 잠을 자지 못하고
아침 일찍 의복을 한 아름 끼고
우리 집에 찾아왔어라

내가 어제 그 거지를 생각하며
잠을 자지 못했다고 함께 가세
찾아야 된다고 하여 그 장소에서
세 시간 찾아다니다 돌아온 적이 있네
불쌍한 사람 도우려는 두터운 사랑
주님의 사랑이어라

선교사들 호화롭게 산다고 말이 많아
식모와 청소부 침모 빨래 아줌마
밖에서 일하는 남자들이 있다고
주변 사람들이 불평하기로
농촌 교회를 방문하고 돌아올 때
미국서도 가정에서 많은 사람들이
일하느냐고 물어보니 No하면서
우리 주변에 가난한 사람들 많으니
그들을 돕기 위하여 일감을 준다는 말
깊은 뜻에 머리가 저절로 숙여졌네.

한국 생활에 적응하며

선교사들은 농촌 교회를 방문할 때
온돌방에서 다리를 괴고 앉는 일,
위생시설, 화장실, 식사 등 불편한 일이 많아
정성을 다하여 식사를 준비하지만
육십 년 초반에는 수준이 낮아 불편하고
잘 참고 적응하려고 무척 노력했어라

선교사들을 대접하기 위하여
쌀밥에 돼지 비지죽 귀한 음식
방에는 파리 떼들이 노래를 부르며
식사기도 마치고 보면 파리 떼들로
백반이 흑반으로 변하고
돼지 비지국 그릇에 더운 물을 부어
기름과 함께 달게 마시며
섬 지방 교회를 순회하면 육지보다
수준이 낮아 모처럼 선교사가 방문했다고
정성을 다하여 식사를 준비하니
고춧가루 없는 생선은 먹기 힘들지만
달게 먹으며 한국 풍속을 배우고
생활에 적응하려고 노력 감사함이여.

위험한 고비

나라도 땅끝마을 남광교회 개척할 때
순천서 아침 여섯 시에 출발하여
동내도(나라도와 고흥 사이)에서
미리 준비된 배를 타고 도착하여
학습 세례 문답을 하고 예배를 드린 후
유지들을 방문하여 전도하고
차를 타고 돌아오는데 시장기가 들어
길두마을 주막집 들어가
찬밥에 된장국 나물 달게 먹고
비포장도로에 길을 재촉하는데
벌교 지나 고개길을 넘어 똥섬 사이
자동차 사고가 많이 나는 위험한 길
배 목사 피곤해서 철길을 건널 때에
광주행 열차 기적 울리며 정차하고
일 분만 늦었어도 천당갈 뻔했어라

기차 정차하고 고함소리 외면하고 도망쳐
순천 남문파출소 앞에 순경에게 붙잡혀
경찰서까지 연행되어 곤욕을 치르고
밤 열두 시에 집에 도착하니
가족들이 잠 못 이루고 기다리며
위기에서 살아온 것 하나님의 은혜로다.

큰 업적을 남기고

배치수 목사와 함께 선교할 때
오전 열 시면 차를 마시는 시간에
우리들이 담당한 고흥 보성지방
지원하는 개척 교회, 미자립 교회들
벽에 붙여 놓은 5만분의 1지도 살피며
개척 후보지 빨간 스티커를 붙여 놓고
개척되기 원하여 성령의 역사를 위한
기도하는 진지한 시간이었어라

우리의 기도를 주님 들어주시고
고흥 보성지방 개척 교회들뿐 아니고
순천노회 전체를 위한 불길 타올라
순천지방 복음화를 위한 영감을 주시고
진행하도록 역사하신 은혜 감사함이여

전도사업 계획을 수립하기 위하여
5만분의 1지도를 준비하고 2년 동안
각 지방을 면밀히 조사 분석하여
초교파적으로 지도 작성 실태 조사하여
51개 개척 후보지 123개 미자립 교회 위해
7개년 계획(1966~1973년)을 수립하고

2차 7개년 계획(1974~1980년) 300교회 확보
노회 중진들과 협의하여 계획서를 작성
1966년 5월 정기노회에서 전원 기립하고
박수갈채로 통과된 것은 성령의 은혜로다.

↑ 배치수 목사 송별식

전도 사업 진행

개척 후보지를 위한 선교 전략
미자립 교회 교역자 개척 후보지를
개척할 때 전도비를 보조하였고
미자립 교회의 자립을 위하여
교인 배가 전도를 노회적으로 실시
2개월마다 7개 시찰 지방회 모여
교회 전도 실적 보고받고
일등한 교회는 우승기를 수여하고
뜨거운 가슴으로 박수갈채를 받으며
교회들이 무럭무럭 뻗어 나가고

순천노회 평신도 연합회서
노회적으로 배가 전도회원을
1,392명을 모집하여 전도하고
총회를 모이면 보고를 받아
성적이 우수한 교회는 우승기를 수여
깃발 휘날리며 찬송을 부르고
박수치며 전도운동의 불길이 타오르니
하나님의 은혜요 성령의 계절이었네
노회적으로 주님 은혜 용광로 되어
교회들이 넝쿨로 뻗어 나갔으니 감사하여라

농촌 교회 지도자 양성하기 위하여
달 성경학교에 장학금 주어 장려하고
농촌 지도자 양성을 위하여
대전 기독교 농민학원에 장학금 주어
각 지방에 50여 명의 지도자를 양성
교회와 지역에 봉사하니 감사함이여

미자립 교회 성장을 위하여
매년 부흥회하도록 예산을 지원하여
전도집회로 불길이 타오르고
각 교회 교역자들 교대로 방문하면서
전도집회를 하며 지원하니
성령의 역사 뜨거운 가슴이 불타고
미자립 교회 중 65%가 자립하였으니
은혜가 넘치니 성령의 역사여라

1차 2차 전도사업 진행하면서
1980년도 300교회로 크게 성장하니
순천, 여수, 순서노회로 발전적 분립 이뤄지니
순천노회의 깃발이 전국적으로 휘날리며
주님 영광 널리 퍼져 나갔어라
총회와 세계적으로 유명 인사들이
순천을 방문하여 찬사를 보낸 것은
주님께서 주신 큰 축복이었네

배치수 선교사 뜨거운 열정으로 출발한
선교사업에 큰 미련을 남기면서
1967년 아들의 청각 장애로
본국에 돌아갔으니 아쉬움 금할 길 없어라
10여 년 전에 주님 나라에 갔으나
님의 업적 우리와 함께 영원히 빛나리라
오! 영광이로다 주님께 영광이 되리로다.

↑ 배치수 선교사의 사택

결실을 거두고

배 선교사의 뜨거운 선교의 얼
개척 교회를 순회하며 격려하고
마을을 심방하면서 전도하였고
장날이면 장터를 찾아가서
쪽 복음 전하며 전도하는 일
뜨거운 가슴을 잠재우지 못하고
뛰어다니며 선교는 머리로 안 되고
가슴이 뜨거워야 하나니
말로 하는 것 아니고 발로 한다는
원칙을 보여 주는 선교사였네

지프로 두 시간 반 달려가는 오지
보성지방 농촌 교회 방문하고 귀로에
자동차 클러치가 망가져 밤을 길에서
전화도 없고 막막한 시간이지만
보람을 느끼면서 주님께 감사하며
주님의 고난에 동참하는 기쁨으로
오지에 뿌려진 복음의 씨앗이
오늘에서야 자라 열매 거두어들이니

보성지방 오지 가난한 개척 교회

농민들을 위하여 헌신하는 전도사
먹을 것 없어 형님 집 식량 얻어다 먹으면서
오직 전도만 아는 사명감에 불타
우리들은 그 교회 지원하며 방문
격려하며 학습 세례식 거행하였으며
성령의 역사로 교회가 자라
복음의 씨앗 영글어 갔으니 감사하여라

오늘 그 씨앗들이 영글어 결실하여
헌신적인 전도사는 유명한 목사로
전국을 누비면서 부흥사로 전도하였고(박병돈 목사)
나에게 세례를 받은 어린 소년(김병찬 목사)
여신도의 아들이 목사가 되어(신용호 목사)
큰 교회 목사로 시무하며
총회적으로 활동하면서 열매를 거두고
그 후 5명의 목사 배출했으니
주님의 은혜 감사함이여.

재회의 기쁨

1979년 미국선교부 초청으로 미국 방문하여
미시시피 주 잭슨에서 노인그룹 도움으로
워싱턴 방문을 배려하여 줌으로
비행기에 몸을 의지하고 남쪽 하늘을
은빛 날개로 광활한 땅을 바라보면서
수니아라는 곳에서 목회하는
배치수 목사를 방문하여
재회의 기쁨의 꽃을 피우며
반가운 인사로 얼싸안고 회포를 풀며
알뜰하게 목회하는 내외분의
친절한 대접을 받은 것 감사하였네

1987년 박정식 목사와 애틀랜타 방문할 때
배치수 목사 내외분이 찾아와 반기며
등대선교회 보고 듣고 크게 성장하여
세계로 뻗어나가는 소식에 흐뭇해하고
기뻐하던 모습이 지금도 가물거리네
그때가 마지막 만남이란 생각하니
서글픈 마음 금할 길이 없어라.

- 인도아(印道雅) 선교사(Rev. Thomas Dwight Linton)
  (1953~1978 광주)

겸손하고 다정한

유진벨 선교사의 외손이요
한남대학 설립한 인돈 박사 4남인
인도아 선교사 광주선교부에 부임하여
농어촌 선교를 담당하면서
많은 교회 개척한 선교사여라
등대선교회 조직될 때 창립위원으로
목포지방 농어촌 선교 담당
많은 섬마다 방문하며 전도하고
기독병원 원장, 호남신학교 교장 역임하였네

성품이 온유하고 겸손하며 다정하여
한국생활에 적응하기 위하여
농촌 교회를 3, 4일씩 순회하면서
한국 음식 먹기를 길들여 가고
교회서 교인들이 도움을 요청하면
한번도 거절한 적이 없이 도와주는 인정
부인은 우리 목사가 살림을 어떻게 하는지
모른다고 걱정하기도 하였어라

결혼 주례 부흥회도 인도하면서
선교의 뜨거운 불을 태우고
자동차 수리하는데 어린이
미국 사람이요 계속 하는 말
어머니 미안하다고 인사하니
미국 놈이라고 안 하는 것이
다행이라고 웃어넘기고

50년대에는 농촌에 목사가 부족하여
35개 처 당회장을 맡아 순회하면서
광주로 돌아오는 길가에서 차가 고장나
밤중이라 광주에 돌아올 수 없어
차를 기다리는데 광주에 가는 트럭을 만나
석탄 운반차 짐칸에 타고 광주에 왔는데
내려보니 두 사람이 흑인이 되었어라

우이도섬에 있는 2개 처 교회
순회하여 예배를 드리고
도초섬에서 객선 타고 목포에 와야 하는데
도초에 오는 작은 발동선 기관 고장으로
망망한 대해에서 정처 없이 떠돌아
해질 무렵 도초섬 도착하였으나
객선이 없어 어선을 갈아타고 오는데
갑판 위에서 떨면서 밤중에 목포 도착하여

여관에서 자고 다음날 광주에 왔고
그날 밤에 고생한 것 평생 잊을 수 없으리
주님의 십자가에 비교할 수 없어라.

(홍대집 장로 자료 제공)

↑ 인도아 선교사 가족

- 인휴(印休) 선교사(Rev. Hugh M. Linton)
  (1953 대전, 1954~1984 순천)

전라도 사람이여

1926년 전남 선교의 개척자이며
선구자인 유진벨 선교사의 외손이요
한남대학 설립한 인돈 박사 셋째 아들
어린 시절 전라도 군산에서 자라
구수한 전라도 사투리로 설교하고
전라도 풍습 익숙한 전라도 사람이여

미국서 대학 졸업 해군 장교로 군복무 후
컬럼비아 신학교를 졸업한 뒤에
1954년 3명의 아이들을 거느리고
3대 선교사로 가슴을 불태우며
순천선교부에 부임하여 출발하였어라
바다가 좋아 해군이 되었고
섬에 관심 갖고 객선을 여덟 시간 타고 가는
거문도에 자주 다니면서 복음 전하고
섬마다 교회 개척 먼 바다를 바라보며
해군 시절을 그리워하였어라.

만남이 이어지고

1955년 늦가을 화태도를 방문하여
당회장으로 개척 교회를 도우면서
내가 우학리교회 출신 섬 사람
섬 전도를 위하여 출발한 사정 알고
마음이 통하면서 만남이 이어지며
시련을 딛고 서서 교회를 건축했고
남면 구석구석 함께 복음 전하며
남면 두모리 초포마을 기도처 시작
구수한 사투리로 사람들을 웃기고
주막서 식사하고 초라한 방에서 잠자면서
불편이 없는 전라도 사람이여

다음날 항구미 부락에 가기 위하여
푸른 바다 바라보며 거친 돌밭 길
갯내음 물신 풍기는 항구미 부락
미국 사람이 왔다는 소식을 듣고
구경 삼아 모여든 사람들에게
예수 믿으시오 전도하면
술 때문에 예수를 못 믿겠단 사람들
예수 믿으면 술보다 더 좋아요 한 말
지금도 내 귓전에 살아 있어라

송고 부락을 방문하여 복음 전하고
주막 냉돌방에 이불 하나로 둘이
자면서 고생을 감수하고
사도들이 다니면서 희생과 헌신
선교의 뜨거운 얼을 생각하며
고생이 은혜 되니 감사하였네

만남이 이어지고 정열이 통하니
신학교 가도록 장학금을 도와주고
화태교회 시무하면서 신학을 졸업하고
1961년 1월 농촌 선교 투신해
40여 년 봉사의 섭리 감사함이여.

등대선교회 창립

1966년 노회를 통과한 순천노회 전도 사업
노회와 선교사들 협력 선교 이루어지니
호남지방서 농촌 선교를 담당한 선교사들
남장로교 해외 선교 정책이 변동되어
선교비 자유롭게 모금할 길 없어지니
선교비가 필요한 농촌 선교 길이 막혀
다급한 처지에 이르렀어라

순천노회 협력 선교를 선호하면서
새로운 프로젝트를 개발하기 위해
진주노회 개척 후보지를 150여 개
목포지방 80여 개를 현지 답사하여
230개의 후보지를 발굴하고
순천노회 전도 전략을 토대로
협력 선교 작전을 통한 새 계획서를
총회 협동 사업부를 통하여
미국선교부에 청원하여 허락을 받고
인휴 선교사 주동으로 8명의 창립위원이
등대선교회 조직하여 출발했어라.

등대선교회 사업 확산

1972년 목포노회 개척 사업은
인도아 선교사 홍대집 장로 담당하고
인휴 선교사와 내가 진주노회 담당
등대선교회 사업이 확산되니
진주노회 방문 협약을 맺고 시작하여
우리를 위한 화려한 여관방
인휴 선교사 깜짝 놀라 우리 갑시다
이러한 대접을 받으면서 일할 수 없어요
그날 밤 여인숙에서 잠을 자는
소박하고 성실한 선교의 얼이어라

전도 사업을 시작한 지 1년이 지난 후
지금까지 한 선교 사업 평가해 주고
더 잘하도록 충언해 달라는 부탁하니
고생했다는 말 대신 고함을 지르면서
누구의 허락으로 교회를 순회하느냐
선교비는 노회에 내놓고 선교하라는
공격을 받으면서 곤욕을 치르고
호주 선교사들 쫓겨간 사유 헤아려졌네

호되게 당하면서도 주님의 십자가 지고

묵묵히 서부 경남 10개 군 넓은 지역을
누비면서 교회를 순회하는 일 최선을 다하면서
선교에 뜨거운 불을 태우고
선교비는 진주노회 전도부에 지급하고
전도부 전도비와 함께 교회를 지원하는
협력 선교가 이루어지니 일 년 후
노회 때는 호주 선교사와 다르다 찬사를 보내며
박수를 받고 협력이 이뤄지니 감사함이여.

↑ 인휴 선교사 가족

오직 주님의 영광을 위하여

세계적인 선교학자 맥가브란 박사
전재옥 선교사 순천을 방문하고
조사한 자료들과 추진하는 일들
등대선교회 농촌 선교 전략을 살피고
서부교회 방문하여 현장을 돌아보면서
원더풀 원더풀 갈채를 보내고
성령의 역사가 강하게 느껴진다면서
주님께 영광을 돌려보냈네

등대선교회 자료를 정리하여 논문을 쓰고
풀러신학교에서 일 년만 공부하면
박사학위를 주겠다고 권하고
전 선교사 맥 박사가 감동을 받았으니
안 목사도 미국 가서 공부하겠다고 하면
허락할 것이라고 하면서
나도 맥 박사 따라 미국 유학간다고 권하였으나
태산 같은 일을 남겨두고 갈 수가 없고
안 목사도 박사 되면 농촌 선교할 수 없고
박사보다 주님께 영광을 돌려야 한다며
맥 박사의 제안을 사양했네
선교는 명예보다 주님께 영광을 돌려야 한다는 말

3대를 이은 뜨거운 가슴 정열이여

맥 박사는 한국 복음화에 지대한 관심
정열적인 선교의 얼 진지한 권면으로
한국의 복음화는 인구의 50-80%가 돼야
진정한 기독교의 나라가 될 수 있다고
앞으로 10만 교회 확보를 권하면서
선교 전략에 대하여 많은 것을 가르쳐 주고
격려해 주신 것 감사하여라

미국에 돌아가서 강의할 때마다
등대선교회를 소개하고 자랑했기에
세계 선교학자들이 등대를 찾아오고
국내 각 교단 지도자들 방문했으며
대전 구세군 수양관의 초청받아
각 지역 장교들이 참석하여
일박하면서 등대 전략을 소개하고
선교의 교제를 가진 것 잊을 수 없어라

귀가 큰 미국 사람이여

인휴 선교사는 섬을 좋아하지만
농촌 오지에도 방문하여 전도하면서
큰 부락 넓은 지역은 우리가 안해도
다 할 수 있다고 하며
거창지방 산골 오지를 찾아가서 전도하면
미국 사람 구경 삼아 사람들이 모여들고
전라도 사투리로 복음 전하는데

할아버지들 나와서 미국 사람은
원숭이 같다고 흥미 있게 구경하고
전라도 사투리로 재미있게 말하면서
웃기기도 하며 사귐이 이어지고
나도 키가 큰 편이라 노인들이
너도 미국 사람이냐 물으니
인 선교사 나는 코가 큰 미국사람이고
안 목사는 귀가 큰 미국 사람이라고
웃기면서 부락 사람들과 어울려지고
복음 전하며 대접하면 무엇이든지
잘 먹으며 적응하는 소박함이여.

1차 전국 개척 후보지 조사
(인휴 선교사와 안기창 목사 선교 지도 작성)

1974년 1~12월까지 순천노회를 모델로
전국 개척 후보지를 발굴하기 위하여
각 교단 교회들의 주소록을 수집하고
미군 전략 지도에 교파별로 스티커를 붙이며
개척 후보지는 빨간색으로 표시하며
전국을 방문하면서 확인 작업은
결코 쉬운 일은 아니었어라
이를 위하여 각 교단 선교회들이
재정적으로 협력한 것 감사하였네

전국 각 지역을 1년 동안 험로를 타고
개척 후보지를 정확히 확인하고
한국 구석구석 다니면서 많은 것을 보고
느끼고 배운 것은 유익하며
등대의 농어촌 선교 전략 수립에 큰 도움이 되고
많은 사람들과 선교의 교제 감사함이여

개척 후보지 발굴하기 위하여
경남 의령군 조사하고 해가 저물어
여관에 투숙하며 지도를 정리하는데

여관 주인이 간첩으로 경찰서에 신고하니
군인을 동원하여 여관을 포위하고
연행하여 조사받고 곤욕을 당했어라
다른 지방에서는 격려를 해주며
친절하게 협조해 준 것 감사하여라

순천서 출발하여 경남지방을 돌아
경상북도 내륙지방을 거쳐 강원도
넘어가는 고갯길에서 굽이굽이 산맥들
광활한 동해바다 아름다움에 취하고
강원도 동해안을 타고 간성까지
진부령을 맴돌아 잔잔한 호수
화천까지 오는 길목들 절경들이여

역사적 유서가 깊은 강화도 거쳐
충청, 호남, 제주도를 방문하면서
아름다운 금수강산을 주신 하나님께
머리 숙여 감사를 금할 길 없고
이 강산이 복음으로 채워진다면
아름답고 축복된 나라가 되리라는
생각이 마음을 사로잡았어라

개척 후보지 1,118곳을 발굴하고
등대사업 전국적으로 확산시키면서

1975년도에 1,000교회 개척운동
전국으로 뜨거운 열기가 뻗어 나가면서
민족 복음화 비전 감사함이여.

↑ 교회 개척 지도

진주노회 전도사업 10개년 계획

진주노회 전도 정책을 수립하기 위하여
서부 경남 10개 군의 개척 후보지
각 교회의 실태를 조사 분석해
1차 전도사업 5개년 계획
2차 5개년 계획 전도부와 같이
150개의 부락에 교회를 개척하고
미자립 교회 자립을 위한 계획을
노회서 만장일치로 받아들였어라

산청군 시천면 반천리 산중에서
덕산교회까지 30리 길 걸어다니면서
예수를 영접하고 축복을 받아
아리아 오르간사를 경영하는 하태봉 장로
큰 감동을 받고 그 자리서 일어나
전도 계획 위하여 300만 원 헌금 작정하고
회사 주식을 노회에 배당해
이익금을 해마다 헌금하기로 약속했고
전도사업 관리 위하여 목사를 파송
전도부 총무로 협력한 것 감사함이여.

진주노회 배가 전도운동

미자립 교회 자립 정책으로 진주노회 전교인들
일 년에 한 사람씩 전도하는 운동
순천노회 경험으로 배가 전도 지침서와
4단계로 고안된 전도지를 작성하고
고성읍교회서 총회 전도부 총무 이의호 목사
림인식 목사, 장선옥 목사, 안기창 목사가
5일 동안 훈련시켜 각 교회서 실시
성령의 역사가 불길로 타오르니
교회들이 포도 넝쿨로 쭉쭉 뻗어 나갔어라

전도부와 등대는 각 교회들을 방문하면서
격려와 기도의 결과 많은 열매 맺었으니
일 년 후 전도부에서 교역자들을 초청하여
배가 전도 평가회로 각 교회 보고 받았는데
함양군 마천교회 추연득 전도사는
배가 전도로 30명 교인이 100명으로 열매 맺고
교역자들에게 충격을 준 성령의 역사
전도사의 신념과 열정 의지의 결과 고맙고
박수갈채와 상을 준 것 잊을 수 없어라
하나님은 계획한 만큼 주시고 일한 만큼 주시는
주님의 은혜 감사함이여.

위험을 무릅쓰고

여름 장마철 산청지방 교회 방문
삼일 예배드리고 밤늦게 순천길 재촉하여
진주로 돌아오면 네 시간 먼 길
가까운 길 택하여 하동 쪽으로 돌아
비가 와서 냇물 넘쳐 건너기 어려운데
튼튼한 랜드로바를 믿고 물을 건너는데
물 가운데서 차가 움직이지 아니하여
부락민 동원하여 차를 밀어 건너고

오는 길 엔진오일에 물이 차서
갈 수 없어 길가에서 물은 뺐으나
옷이 젖어 춥고 떨리는데 속수무책이라
밤 열 시경 산청 가는 막차 버스를 만나
엔진오일 한 통을 받아 순천까지 돌아오니
새벽녘 가족은 잠 못 이루며 기다리고
다음날 인 목사 웃으면서 하는 말
앞으로는 위험한 짓 해선 안 되겠구만요
지금도 내 귓전에 생생하게 들려 온다.

영원한 주님의 나라로

1984년 4월 10일 어둠이 내리는데
인휴 선교사 교회 건축자재를 싣고 가다
달려오는 버스에 부딪혀 넘어졌어라

어두움이 번져 나가는 길목에
조례동 요양소 앞 삼거리에서
택시를 타고 병원에 옮겼으나
광주로 이송하니 무모한 짓이어라
어두움이 짙게 깔리는데
광주행 차 안에서 긴장과 초조 감돌고
죽어서는 안 된다고
입술로 되뇌이며 잠들어 가고

한평생 이어온 선교사업
태산 같은 일들을 잊고
생사의 길목에서도 갈 수 없어서
몸부림치며 이어가려고 노력했으나
하늘의 섭리 막을 수가 있으랴.

이 땅에서 영원히

해 떨어져 어둔 땅
광풍이 불어 황폐화되고
강물이 붉은 빛이 되어
어지럽게 찢어지고 망가진
이 땅에 님은 왔었네
아침 빛 밝은 태양이
대지를 휩쓸어 덮고
찢기운 강물이 흘러내리던
이 땅에 님은 심었네
믿음, 소망, 사랑의 씨앗을

땀 흘리며 싹을 틔우고
밤마다 잠 못 이루며 가꾼 보람
열매는 익어 가는데
이제 님은 떠나가고 말았네

익은 곡식 황금물결 일렁이는 들판
아침부터 황혼까지
일꾼 되어 땀으로 추수하는데
가신 님의 얼 이 땅 위에
우리와 함께 영원히 살리라.

- 인애자(印愛子) 선교사(Mrs. E. F. Linton)
  (1953 대전, 1954~1990 순천)

베푸는 삶

인휴 선교사의 부인 인애자 선교사는
순천에 부임하여 6명의 어머니로
가정을 섬기면서 성격은 급하지만
두터운 인정 가난하고 어려운 사람 돌보며
뜨거운 인정 베풀기를 좋아하는 삶이어라
헐벗고 굶주린 병든 자를 자기 차에 싣고
집에 와서 때묻은 옷 손수 벗기고
목욕탕에서 손수 목욕을 시켜주며
새 옷을 갈아입히고 병원에 입원시키며
여인의 집을 수리해 주고
퇴원해 계속하여 식량을 도와주며
자립할 수 있도록 도와주는 사랑
선교의 사명 불사르는 아름다움이여

62년 순천 대홍수 때도 집 잃은 수재민을 찾아
환자들 치료해 주는 일 앞장 서서 실천하고
결핵환자 위해 진료소 설립하여 치료해 주며
그때부터 결핵재활원을 발전시켜서

오직 결핵환자를 위하여 헌신하고
환자 가정 방문하면 환자를 내 몸같이
각혈한 피를 손수 닦아 주면서
같이 우는 인정 뜨거운 가슴이어라

조례동에 결핵요양소를 설립하여
결핵 재활 사업을 계속하면서
지금까지 16,000명의 결핵환자 재활시켜
건강한 활동으로 봉사하는 생활 아름답고
지금도 해마다 한국에 나와서 보살피면서
협력하고 도와주는 뜨거운 선교의 얼이여.

↑ 순천 조례동 결핵요양소(1970년)

- 이철원 선교사(Dr. Dietick Ronald)
  (1958 광주 기독병원 원장)

오직 결핵환자를 위하여

선교사들 중에 손해 보는 의사 선교사
박봉에 청춘과 가족 다 버리고
결핵환자 위하여 광주 기독병원 부임
환자와 같이 웃고 우는 선교의 사명
친절과 겸손으로 환자를 돌보면서
정열을 불태우는 선교의 얼이여

바쁜 시간 쪼개 순천 결핵진료소에 와서
결핵환자 일반 환자들도 진료하는 헌신
칠십 년 중반 일 년 동안 봄 가을철
요통으로 고생할 때 이철원 선교사께 진찰을 하니
목사님 진찰을 영광으로 생각한다며
자동차를 많이 타서 허리가 아프니
조심하라지만 안탈 수 있으리요

미국 성도들이 목사를 존중하는 태도
몸에 배인 친절한 생활 감탄하였네.

↑ 광주기독병원

- 미철 선교사(Eld. Petrie H. Mitchell)
  (1949~1970 서울 대전 광주 순천, 1982~1984 순천)

매사를 성실하게

남장로교 선교회 재정 맡은 평신도(장로)
선교사로 여러 지역에 봉사하면서
성실하고 꼼꼼하고 급한 성격
그러나 친절하며 뜨거운 선교의 얼을 불사르고
많은 평신도들과 어울리면서 복음 전하고
가난하고 굶주린 이웃을 가족같이 보살피면서
병들고 가난한 사람들과 같이 우는 인정
선교의 사명이 투철한 가슴 이글거리며
여러 지역마다 복음 전해 열매가 주렁주렁
순천에도 미철 장로의 전도를 받아
한 가족이 주님을 영접하고 장로로 권사로
그 자녀들이 성공하여 의사로 교사로
주님 영광을 위하여 많은 열매 거두었네

2년마다 선교지역 옮겨가며 전도하고
은퇴하고 귀국해서 한국을 그리워하여
1982년 순천에 다시 나와 농어촌 봉사하며
농촌 교회 방문하면 교인들의 손을 잡고

웃으면서 고개를 숙이고 인사하면서
어린 아이들을 자기 자식같이 안아주는
인정과 사랑이 넘치는 주님의 사랑이어라

그날 일은 그날 하는 성실하고 급한 성격
일이 있으면 밤 아침 가리지 않고
전화로 주인의 양해를 얻어
오는 것이 미국 사람들의 상식인데
아침 일찍 우리 집에 방문하여
급하게 문을 통통 치면서 방문하니
민망할 때 있으나 한국적인 소탈한 성격
격의 없는 교제 지금도 잊을 수 없어라.

- 허철선 선교사(Rev Charles. Betts Huntley)
  (1965~1986 서울, 1966~1967 순천, 1967~1968 광주 1968~1986)

기도의 용사

순천에 잠깐동안 봉사한 허철선 선교사
인자하고 순한 성격 뜨거운 사명에 불타
교회를 사랑하는 성령이 충만 기도의 용사
사무실에서 밤중까지 기도하며
선교에 헌신하고 충실한 봉사에 보람 느끼고
신비주의자라고 별명을 받은 기도의 용사여라

부인은 소설가로 문장력이 높고 현명하며
선교사의 안에 행복한 가정을 이어가고
허 목사 사진에 취미가 깊어 사진을 잘 찍어
나도 모르게 갑자기 사진을 찍어주니
장난 끼가 심한 사진들이 많고
잘 어울리며 인정 많은 선교사여라
광주선교부로 가는 섭섭함 금할 길 없었고
1988년 떠날 때 석별의 정을 나누고
은퇴하고 말년을 보낸다는 소식 들으니
그때 그 시절이 그리워지네.

■ 노우암 선교사(Rev. Ruth K. Durham)
(1961~1985 서울 광주 순천애양원)

원리원칙

삼십 대 초반의 젊은 선교사
1967년 순천선교부에 부임하여
농어촌 선교에 불태우며 헌신하고
정확하고 원리원칙 엄격한 사고
시간을 엄격하게 지키는 미국적 사고
한국생활 적응 못해 어려움을 당하며
교회를 방문하고 예배가 끝이 나면
교회서 준비한 식사를 나누면서
대화가 이어지면 교회 사정을 이해하고
격려함이 방문하는 목적이어늘
예배가 끝이 나면 갑시다 하고 돌아오니
교인들과 대화가 단절이 되기도

미국식 사고 방식 장점도 많아
직원들을 사랑하고 여행 다녀오면
선물을 사서 나누어 주고
크리스마스 때는 자기와 함께 일하는
직원들 식사를 대접하는

인정 깊고 약속 지키며
시간 관념 엄격한 원칙주의자
경우가 밝고 의리가 깊은 생활이어라

농촌에서 지방회의 모이는 때에도
정원 외에 승차를 못하게 하니
교역자들 버스 타고 불편한 왕래
다른 선교사들 융통성이 있는데
원리원칙 자존심 강해
목사들과 갈등 심해 거리가 멀어지고
정이 안 들어 농촌 선교 포기하고
72년 애양원으로 자리를 옮기니
농촌 선교 위한 초심 변한 아쉬움이여.

↑ 노우암 선교사 부부와 안기창, 박정식 목사

- 도성래 장로(Dr. S .C. Topple)
  (1959~1981 순천 애양원)

다 버리고

생활이 넉넉한 집안에서 태어나
아쉬운 것이 없는 가정에서 자라고
의과대학 공부할 시절에
빌리 그레이엄 목사 설교에 은혜를 받고
한국 순천 애양원을 소개받아
의사가 된 후 총각 선교사로
나환자들을 위한 주님의 부르심을 받아
신교에 불타는 가슴으로 1959년 부임
나환자 위해 젊음을 던진 선교사여라

피부과 전공한 노르웨이 안과 의사와 결혼
부부가 평생 나환자 위하여 헌신하면서
전주 광주 기독병원의 원목제도 반대하며
직원들을 전도 요원으로 훈련시켜서
환자에게 전도하도록 실천해 나갔어라

병원 신축 때도 전주 광주병원 같이
외국 보조 의존하는 건축 반대하며

초창기 선교사들 병원 설립 목적대로
오직 선교를 위한 병원이 되도록
의도적인 병원 확대하지 않았고
신축 후에도 선교 목적으로 운영하며
복음 중심 주님의 뜻을 이루어 갔네

병원 신축 모금 때도 도성래 장로 부친
거액의 사재를 헌금했으나
디게이타교회에 목적 헌금으로 봉헌
교회 명의로 건축비를 보내준 일
명예를 앞세우는 생각 초월하여
선교의 원칙을 묵묵히 순종하는 믿음이여
주님 영광 위하여 드려졌으니
감동적이며 주님께 영광이 되리로다

부인은 환자들을 돌보며 헌신하고
매주 한번 순회 진료로 복음 전하며
꽃다운 청춘 나환자 위해 헌신
감사하고 보람 느끼는 선교 얼이여

1981년 애양원이 자리가 굳어지니
한국 의사들에게 넘겨주고
미개하고 가난한 아프리카 케냐로 옮겨가
정년이 될 때까지 주님 영광 위하여

한국과 아프리카에 뿌린 선교의 열매
이 땅 위에 영원히 남아 있으리라.

↑ 도성래 장로 부부

↑ 애양원

- 권오덕(權五德) 선교사(Rev. Arthur W. Kinsler)
(1979~1981 순천, 1982~2000 서울)

꼼꼼하고 덕이 있어라

1975년 광양 제철 산업선교 위하여
미국 선교부에 청원하여 허락받고
1978년 부임 산업 선교사로 활동하면서
등대선교회 영문서기로
농어촌 선교에 정열을 불태우며
1990년 총회전도부로 자리를 옮긴 후에도
등대의 영문서기로 봉사한 선교사였네

신학교 교수 권세열 박사 아들로 태어나
치밀하고 덕이 있는 한국 출생 선교사
한국생활 익숙하고 한국무속신앙 연구하여
박사학위 취득한 한국통 선교사
총회전도부에 외국 손님들이 찾아오면
등대선교회에 소개하여 모금에 도움 줬네

부인은 순천서 직원훈련소를 운영했고
서울서도 그 사업을 계속하였고
북한에 직업훈련소의 꿈을 키우면서

권 선교사 부부가 북한에 드나들면서
선교에 헌신하는 뜨거운 가슴 불타
그 꿈이 이뤄져 북한에 꽃을 피우고
통일로 이어지는 주님 뜻 이루소서.

↑ 권오덕 선교사(오른쪽에서 네 번째)

순천지방 큰 홍수

1962년 8월 순천에 큰 홍수로
학구에서 순천 동천 넘쳐 흘러
수백 채의 가옥 유실 인명 피해
수재민들 천막 속에서 생활하면서
희생당한 가족들을 생각하며 통곡하고
구호의 손길 기다리는 안타까움

순천 주재 선교사들 미국 본부에 구호 요청
여수지방에서 목화를 구입하여
수백 채의 이불을 만들어 공급하고
기독교봉사회의 의복 나눠 주었어라

인애자 선교사는 천막마다 방문하여
환자들을 치료해 주면서 봉사하고
그 후 자기 집에서 치료해 준 일이
순천에 결핵요양소로 발전하였어라.

■ 선교 유적지

노고단

거대한 체구에 겸허한 위풍으로
우뚝 솟은 노고단 봉우리
세상도 바뀌고 인걸은 흘러가도
묵묵히 서서 흘러간 세상 풍진
너는 홀로 알리라

사람을 취하라는 주님의 음성으로
십자가를 지고 이 땅에 온 선교사들
유행성 질병 풍토병에 감염되어 죽어가니
조선 선교 철수의 여론이 높았으나
선교에 뜨거운 가슴, 사명감이
이 땅을 버릴 수 없었어라

생각하고 또 생각 기도하면서
여름철 유행성 질병을 피하기 위해
1922년 노고단에 막대한 예산을 들여
교회는 석조로 건축하고 초라한 주택을
마련하고 질병을 피해 온 선교사들

상한 심령 위로받고 재충전 위해
부르던 찬송소리 자취마저 찾을 길 없네

여순사건 한국전쟁 격동기 지나면서
반란군 소굴 소탕하기 위하여
노고단 교회 주택들을 불태우고
유일하게 남아 있는 충충한 예배당 벽
한 세기의 흐름 속에 폐허가 되었으나
그때 그 시절을 속삭이며
훈훈한 사랑이 가슴 깊이 스며들고
언제 다시 계절풍 불어
새들이 노래하는 봄이 돌아오려나

오! 주님이시여
충만한 성령의 불길 내려
옛 모습 다시 복원하여서
나그네들의 가슴을 뜨겁게 불태우고
주님의 사랑 노래 다시 부르게 하소서.

↑ 지리산 노고단 수양관(1925년)

왕시루봉

일제의 강제로 철수당한 선교사들
해방과 더불어 다시 찾아왔는데
여순사건 6 · 25전화 속에서도
전쟁으로 찢어진 상처를 싸매주고
주님 사랑으로 위로해 준
선교사들 뜨거운 가슴들이여
자유의 종소리 울려 퍼지고
이 땅에 복음의 문이 넓게 열려
많은 열매 거두어 들이며
보람찬 선교를 이어갔어라

전염병 등 풍토병에 시달리면서
폐허가 된 노고단 피서지 대신하여
왕시루봉 봉우리 선택하여
관계 당국의 허락을 받고
1962년 인휴 선교사를 중심으로
이곳에 교회 건축 산막을 건축하여
선교사들 풍토병을 피하고
우리 민족 복음화를 위해 기도 드렸어라

선교에 정열을 쏟아 남해안 섬마다

농촌 벽지 부락 부락에 복음 전하여
많은 교회를 설립하였고
질병에 고생하는 사람들 치료해 주고
가난한 사람들 도와주는 일 계속하면서
예수님 사랑 실천하며 헌신하고
꽃다운 청춘을 버리고 정열을 쏟아 바친
선교 활동 감사를 금할 길 없어라

왕시루봉 선교 유적지 사치라 비난하며
건물 철거하라는 목소리 높아지나
선교사들 선교 활동을 이해를 못하고
지난 격동기에 우리와 함께 웃고 울며
복음을 전해준 그들을 이해하면서
역사에 빛나는 유적들 길이 보존하고
전수하는 사명을 다 해야 하리.

지리산 왕시루봉 선교 유적지

제 3 부
선배들의 이야기

■ 원탁회 사건

신앙의 절개를 지키신 분들이여

아사아의 등불 조용한 아침의 나라
강제로 점령한 일본은
조선을 식민지로 만들기 위하여
내선일체의 정책을 펼 신사참배를 강요하여
도살장에 끌려가는 양처럼
일본 신사에 참여하였어라

일본 국가를 부르게 하고
우리 한글과 언어와 성씨까지도
송두리째 빼앗긴 비극 속에
믿음과 애국적인 기치를 들고 항거한
순천중앙교회 청년면려회원들
황두연 장로의 지도 아래 강창원을 비롯해
간디 옹의 사상을 모방하여 모였다

매주 기도하고 묵상하면서
원탁에 둘러앉아 토론의 꽃을 피우며
항거의 깃발 높이 휘날리면서

순천지역 선교 100주년 기념 시집
선교이야기 — 제3부 선배들의 이야기

독립 자금 모금 나라 사랑 영글어 가는데

일본 경찰 한밤중에 강창원 집을 들이닥쳐
황두연 장로 강창원을 끌고가
혹독한 매질과 고문을 가해
목사들을 배후 조종자로 몰아세웠어라

줄줄이 연행하여 조사를 받았으며
순천노회 교역자들 일경의 눈에 가시가 되어
목사들의 설교를 트집 잡아
15명이 투옥되어 복역하였어라

뿌리 깊은 나무마다
팔을 벌려 하늘을 바라보는 나무마다
믿음의 절개를 지키며
하나뿐인 목숨을 걸고
순천노회의 불꽃이 되었도다
영원히 타오르는 불꽃이 되었도다.

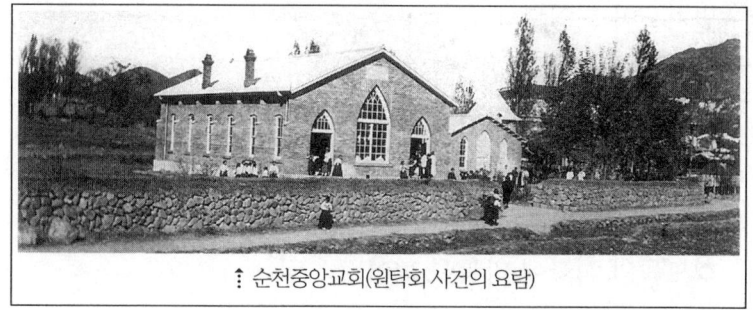
↑ 순천중앙교회(원탁회 사건의 요람)

■ 순교자를 추모하며

불꽃으로 타올라

검은 구름 하늘 가리고
대지도 불타오를 때
굴욕적인 강요에 의한 신사참배
여순사건 동족상잔의 시련으로
십자가를 지킨 형제들이여
순교로 승리하였도다

울려 퍼지는 자유의 종소리
오호 그리움 속에서
스물여섯 명의 진한 피가 흘러
우리 가슴속으로 스며들어서
포도나무 넝쿨로 뻗어 나가는
밑거름이 되었도다

이제 찬란한 하늘나라
영광스런 낙원에 편히 쉬소서
흘리신 순결한 피는
성도들의 심장에 박동이 되어

순천지역 선교 100주년 기념 시집
선교이야기 — 제3부 선배들의 이야기

활활 불꽃으로 타올라
땅 끝까지 증인이 되리로다.

↕ 지리산 선교 유적지

- 이기풍 목사(1868년~1942년)

순교의 얼 이어받아

↑ 이기풍 목사

1907년 평양신학교 제1회 졸업생
7명 중의 한 사람 목사안수를 받고
제주도에 전도목사로 파송되니
부름 받아 순종하며 배와 그물 던지고
메마르고 빈들 황무지에 7년 동안
멸시천대 주님의 십자가 지고
성령의 뜨거운 가슴 권능으로 임하니
능력의 종으로 많은 열매 거두어
제주도에 복음의 빛이 밝혀졌어라

1918년부터 1920년까지 광주 북문교회
1921년 순천중앙교회 시무할 때
제10대 총회장 역임하여 봉사하고
1934년 2월 고흥읍교회 시무하고
1937년 10월 60세 후반 노년기에
우학리교회 부임 인사하면서
나이 많은 늙은 목사
쥐 잡는 고양이는 못 되지만

아옹 하면 도망쳐 가니
힘을 모아 주님 뜻 이루어 가리
한 말씀 내 귓전에 살아 있네

일제 말엽 모진 바람이 일어
서릿발로 교회를 덮치고
신사참배 반대하니
노쇠한 이 목사 투옥되었으나
병보석으로 풀려나 1942년 6월
순교의 반열 위에 높이 올랐었네
잃은 자의 슬픔을 달래주는
놀라운 주님의 섭리가 있나니
세상의 권세가 강하다고 아는 자
가장 어리석고 약한 자이어라
주님의 종 이기풍 목사
가장 약하면서도 가장 강하였어라

잃은 자의 눈물의 양만큼이나
가슴에 상처가 깊은 만큼이나
잃은 것을 다시 찾게 하시니
이기풍 목사의 흘리신 피
순천지역 복음화에 밑거름되고
후일 '순애보'란 영화를 제작하여
많은 성도들의 가슴을 울렸고

일본 교인들의 심금 울렸으니
하나님의 섭리 큰 뜻 오묘함이여

60년이 흐른 오늘 우학리교회는
이기풍 목사 순교 기념관 건립하고
한국전쟁 때 순교한 4명의 교인들
순교의 뜨거운 얼 이어받아서
남면의 복음화를 이루어 주소서.

↑ 이기풍 목사 순교 기념관

■ 김형재 목사(1884년 2월 19일~1966년 10월 27일)

믿음을 이어받아

1884년 평안도 언주 개천서 태어나
부모님의 신앙 이어받아 성장하고
평양 숭실전문대학교 졸업하고
모교인 숭실학교 교사로 재직하면서
음악성이 풍부하여 밴드부를 조직하여
전국 각지를 순회하면서 복음 전하고
애국사상이 투철하여 일경들의 감시
밴드부를 미행하며 방해를 하였어라

신학교에 입학하였으나 중퇴하고
평양 장천리교회 장로로 시무하면서
남장로교 선교사 레이놀즈의 도움으로
미국 리치몬드연합신학교에 유학하여
2년 동안 영어 소통을 못해 영어를 익혀
3년 뒤에 신학교에 입학하여 졸업 후
미국 전역을 순회하면서 한국을 소개하고
1928년 귀국하여 남장로교 선교 거점지인
순천선교부에 파송되어 인연을 맺고

1931년 순천노회에서 목사안수를 받아
뜨거운 선교의 얼을 불태우면서
선교사들과 불철주야 개척 교회를 방문
복음 전한 뜨거운 가슴이여

미국 유학 중에 사귄 안창호 선생을 비롯해서
국내 조만식, 김가전, 조병식, 기라성 등
유명 인사들과 교분이 깊어 일본 경찰에
주목을 받았고 순천노회 15인 사건에 연루되어
1년 6개월 형을 언도받고 옥고를 치르며
주님의 십자가를 지고 주님을 따랐어라

김 목사의 잘 생긴 용모, 달변, 영어 실력은
순천서 인정받은 신사로 많은 영향을 주었고
유머를 잘하여 말씀을 하루 종일 들어도
싫증이 나지 않은 말들 귓전에 살아 있네

미국 유학 시절 이발소에서 이발하면서
이발사가 말을 하면 무슨 말인지 몰라
이발사의 말에 예스 예스 했는데
이발을 끝난 후 계산하니 엄청난 이발료
돈이 모자라 친구들 와서 이발료 지불한 일
학교에서 '예스 김'이라는 별명 받았네

조국 해방 후 뛰어난 학문 영어 실력 인정받아
미군정청 고문관을 위촉받아 봉사하였고
매산등 자택에서 여생을 편안히 보내면서
부인을 팔에 끼고 시내를 활보하는 미국식
시내 목사들이 매월 보이열 선교사 집에서
모여 친교의 시간이 이어질 때마다
유머로 웃기면서 재미있는 시간을 보내고
60년대 청와대를 방문 박 대통령 면회한
재미있는 이야기들 내 귓전에 살아 있어라

김 목사 둘째 아들 김관수 선생
영어 선생으로 은퇴하고 등대선교회 협력
영어 번역 도와주며 성실하게 헌신하고
주님 일에 봉사하는 두터운 믿음
지방 교회를 순회할 때 동행하면서
선친께서 지방 교회 다니던 이 길
감회가 깊다면서 감격하는 마음
이어받은 두터운 믿음이여.

- 손양원 목사(1902년 6월~1950년 9월)
  (1939~1950 여수애양원교회)

사랑의 원자탄

경남 칠곡면 구상리에서 출생
1939년 애양원교회 담임목사로 취임
일생을 나환자들과 동고동락하면서 헌신하고
일제시대 신사참배 강요 반대하여 투옥되어
해방될 때까지 옥중생활을 이겨내고
자유의 종소리 사라지기도 전에 여순 반란
평화에 잠든 순천을 덮쳐 두 아들
동인이, 동신이 순교의 제물로 쓰러지니
아들 죽인 원수 안재선 주님 사랑으로 용서
사지에서 끌어내어 아들을 대신하였으니
주님의 사랑을 실천한 주님의 종이여

한국전쟁으로 많은 사람들 피난하는데
손 목사 교인들을 버리고 피난갈 수 없어
교회 강단 밑에 엎드려 기도하다가
1950년 9월 13일 공산군에 붙잡혀 수감되고
많은 고초를 당하면서 믿음의 절개를 지키며
9월 28일 공산군이 후퇴하면서 여수 미평에서

주님의 발자취를 따라 순교하셨네

손양원 목사 생존시 유명한 목회자요
부흥사로 이름 날리며 복음 전하고
부흥사로 초청한 교회 손 목사 보면
세 번 놀란다고 하니 키가 작아서 놀라고
음성이 커서 놀라고 설교를 잘해서 놀란다니
주님께서 귀히 쓰시는 종이어라

손 목사의 사랑을 실천한 실록
'사랑의 원자탄' 세계를 놀라게 했으니
손 목사 주님 나라 갔으나 믿음의 얼
우리와 함께 영원히 살아 있으리
애양원에 손 목사 순교 기념관 설립하여
묘소와 함께 보존되었으니
손 목사의 믿음 사랑 기리고 보존하고
전수하는 사명 다 하소서.

손양원 목사가 시무한 애양원교회

- 나덕환 목사 (전남 영광군 불갑면 우곡리, 1904년 4월 17일~1971년 2월 21일)
  (순천제일교회 1936~1971)

기초를 튼튼히

평양신학교 재학 중 1936년
33세의 젊은 나이로 순천제일교회 부임
설립부터 시작하여 목사안수를 받고
32년간 종신토록 목회하면서
순천지방 교회의 성장과 지역사회 발전에 공헌하였고
일본 제국주의 모진 바람 몰아치는
1940년 9월 신사참배 반대로 3년 1개월간
옥고를 치르는 수난을 겪으면서 승리하고
공산주의의 붉은 깃발 피로 물들일 때
오직 믿음으로 이겨내며 교회를 지켜 나갔어라

순천제일교회 성장하여 주님께 영광이요
평생을 불사르면서 드려진 헌신
반석 같은 믿음 위에 세워진 전통이
튼튼한 기초가 되었으니 하나님의 은혜 감사함이여.

시련을 승리로

여순 반란사건 순천에 진격한 반란군이
순천을 점령하고 공무원, 기독교인들, 양민까지
무차별 살해하는 참상 시가지가 피바다로
통곡이 흘러 넘치는 아수라장 속에서
제일교회 기독학생회장 손동인, 손동신 형제
고재춘 학생이 죽임을 당하는 비극이여

공무로 광주에 출장한 나 목사
광주에서 용무를 마치고 돌아오는데
우익군 만나면 별량으로 오고
좌익군을 만나면 도망하는 숨바꼭질
별량면에 오니 반란군에게 점령이 되어
공산군에게 붙잡혀 신분조사를 하는데
나는 목사요 하고 신분을 밝히니
옥에 가두고 즉결 총살형 선고하니
와중에도 사람들에게 예수 믿으라는 전도하고
기도하는 중 갑자지 비행기 소리가 요란하니
반란군 도망친 사이 민간인이 유치장 문을 열어
무사하였으니 시련 속에서 믿음으로 승리한
하나님의 은혜와 보호하심 감사함이여.

오직 믿음으로

평생 주님을 바라보면서 십자가를 지고
주님 따라가며 교회와 노회를 지켜 나가면서
1960년도 우리 교단 분열되는 어지러운 때
선교사를 자유주의로 지목 교회들 이탈하는데
나 목사 선교사들 배반하지 않는 의리를 지켜
우리에게 복음을 전해주고 잘못이 없는데
배반할 수 없고 지지한다는 결정이
순천노회 교회들 합동 측에 속했을 때
나 목사의 태도로 통합 측에 돌아왔고
통합 측 교회들이 많은 노회로 이름 날리고
서울에서 순천은 제네바라고 불리워지며
46대 총회장 역임하며 교회를 수습하고
평생 주일에는 여행하지 않는다는
믿음 우리에게 거울이 되었네

1960년 초반 순천노회 전도 정책을 수립할 때도
선교사들이 하는 일에 적극 동참하고
전도 사업 추진 위해 노회장을 역임하며
앞장서서 활동하며 지지한 것은
선교사하는 일은 반대하지 않는 의리며
지방회 참석하며 적극 협력하여

많은 열매 주렁주렁 영글어가고
젊은이들에게 악수하며 존댓말을 쓰는 겸손
교인들 사업에까지 세심한 관심 가지면서
어버이의 따뜻함 우리의 귀감이 되었어라.

↑ 나덕환 목사(김순배 목사, 배치수 선교사와 함께)

- 김순배 목사(광양 진상면 출신 광양 1899년~1970년)
  (선거교회, 여수읍교회, 우학리교회, 순천중앙교회)

따뜻하고 겸손함이여

선교사 도움으로 광주 숭일학교를 졸업하고
평양 숭실대학과 평양신학교를 졸업하여
목사안수를 받아 광양 섬거교회, 여수읍교회
목사로 부임하고 신사참배를 반대하여
순천지방 목사들과 함께 10개월 수감되고
광주 형무소서 옥고를 치르고 일본 경찰의 감시하에
은둔 생활하다가 해방을 맞이하였어라

1946년 우학리교회 부임 9년을 시무하면서
300명 모이는 교회로 크게 성장했으며
청년들 신학교에 가도록 권면하여
목사들 많이 배출하였으니 감사함이여

훈훈하고 포근한 사랑이 넘치고
부드러우면서도 강인하고 겸손하며
언제나 미소 짓는 그 얼굴
사랑의 꽃 피우며 어버이의 손길같이
따뜻하고 포근하게 어루만져 주며

교인들 칭찬하기 좋아하고 격려하면서
비판하는 말 한 번도 들어보지 못하고
불평도 없는 생활은 주님의 모습이었네

자식 같은 젊은 사람들에게 존댓말 쓰며
사택 방문하면 나와서 영접하고
돌아갈 때는 토방까지 내려와 인사하는 겸손
우리들에게 거울이 되었어라.

↑ ❶ 김순배 목사 가족, ❷ 순천선교부와 쌍암중학교(밑줄 왼쪽에서 두 번째 김순배 목사)

전도에 헌신하며

우학리교회 청년들을 동원하여
금어도섬 부락마다 방문하고
밤에는 전도 집회를 모이면서
안도섬 교회 개척 교역자 파송하고
유송리 우포교회를 개척하여
뜨거운 가슴 불태우면서
전도한 목사님의 영향을 받아
우학리교회 전도에 은혜 받아
남면 25개 마을 23교회 개척되고
우학리 인구 70% 복음화를 이뤄
교인들 도시로 진출하여 알곡이 되고
섬김의 사명 다하고 있으니 감사하여라

1954년 순천중앙교회 목사로 부름 받아
외서교회, 구상교회, 여수죽림교회 개척하고
순천 어머니 교회 자리를 지키면서
어머니 품같이 따뜻함이여
양같이 순하고 강인하며 명예 자랑도 없이
목회하신 목사님 은은한 향기
후배들에게 귀감이 되었어라.

■ 김형모 박사(전남 광양군 진상면 지원리 출신 1906년 4월 4일~1980년 12월 31일)
(벌교제일교회, 매산학교 교장, 호남신학교 교장, 순천신학교장)

시련을 딛고 서서

섬거교회 장로 아들 주님 안에서 자라
순천 매산학교 졸업하고 선교사들의 도움으로
전주 신흥학교, 숭실대학교, 평양신학교 졸업하고
순천노회 벌교제일교회 목사로 부임
애국사상이 투철하여 독립정신, 민주사상 강조한
사상 설교 거침없이 하였나니
신사참배 거부로 순천경찰서 광주형무소 복역하고
금족령 내려 일본에서 연금생활
십자가 지고 주님 따라가는 믿음이어라

선교사들 설립한 매산학교 폐교되고
조국 해방과 더불어 개교하여
제2대 교장으로 많은 인재를 길렀네
1949년 미국 유학하여 컬럼비아 신학교 졸업
리치몬드 유니온 신학교를 거쳐
텍사스 주 에스틴대학 신학박사학위 취득
매산학교 교장 역임하면서 한국전쟁 후
어려운 학생들 학업의 길을 열어주고

인재가 귀한 시대 좋은 자리에서 손짓을 했으나
명예 입신 원치 않는 생활 철학
38년 동안 순천노회 지켜 나가고
매산학교 교장으로 22년 봉직하고
호남신학교 교장, 순천신학교 교장을 역임하면서
많은 인재를 양성하였네.

↑ 문화재 123호 매산관

선교를 위한 활동

선교에 투철한 사명을 가지신 목사님
대한예수교장로회 총회장, 대전대학 이사장,
광주기독병원, 전주예수병원 이사장
순천노회장을 역임하면서
적극적으로 봉사하여 널리 알려지고
외국 부흥사들 순천을 방문하면
목사님의 정열적인 통역 감동을 받고
1966년 순천노회 전도사업 정책 수립에
열정적 협력과 전도부장 역임하여 전도사업 지휘하고
교회들 방문하고 전도비를 모금하는 등
정열 쏟아 부어 협력해 주시고
전도부 총무로 어려운 일들 상의하면
하면 된다면서 긍정적으로 받아들여
뜨거운 가슴으로 지도한 것 잊을 수 없어라
주님 나라에 갔으나 수만 명의 제자들이
세계에 흩어져 정열적인 얼을 이어받아
열매 맺어가니 영광 영광이 되리로다.

■ 박석순 목사(평북 정주군 동면 인곡리 1913년~2004년)
(월남, 고흥 길두교회 목사 1951~1983년)

기도와 겸손

한국전쟁으로 가족을 남겨둔 채
홀홀 단신 월남하여 1951년 고흥 길두교회
32년 시무하며 주님 위하여 헌신했네
교회 위해 혼신 다한 주님의 종이여
북쪽 가족을 생각하면서 절개를 지켜
묵묵히 참으면서 교회 위해 정성을 쏟아
온유와 겸손 뜨거운 가슴에 불태우며
배와 그물 가족을 모두 던졌어라

기도와 금식, 전도밖에 모르면서
밤이면 무릎 꿇고 교회에 엎드려
밤새우는 철야기도 일생을 이어지면서
성령 충만함이 넘쳐흘렀네
길두마을 성자 칭호로 존경을 받으면서
항상 겸손하고 인자하심이여
묵묵히 실천하며 주님의 영광 위해
모든 것을 불사른 주님의 종이어라

능력의 종으로 이름 알려지니
전국 교회들 초청하고 부흥회 인도하면
계속 금식기도 전하는 말씀 능력으로
은혜 넘쳐 목회 생활에도 성령의 은혜로
교회가 성장하여 뻗어 나갔네.

↑ 길두교회 앞에서(박석순 목사와 장로들)

오직 전도를 위하여

가난으로 공부 못하는 청소년을 위해
고성학교 설립하고 중고등부 경영하여
박 목사의 믿음 이어받아 교역자와 지도자 배출
고성선교원을 경영하면서
어린이 교육에 헌신한 인자한 종이어라

1970년대에 신비주의가 번져 가는 혼란기
기도의 용사 박 목사 신비주의 반대하며
산에서 기도원에서 기도해야 은혜 받는다는
성도들과 교역자들 권면하면서
기도는 교회 안에서 하는 것이 성서적이라고 한
말씀에 감동받아 교회 지켜 나가고

농촌 지역 선교에 정열을 쏟아 부어
길두교회 주변에 있는 마을 마을에
열한 개 교회를 개척하여서
복음 전하고 많은 열매를 거두었네
은퇴 후 뜨거운 가슴 잠재우지 못해
화순읍교회를 개척하여 주일마다
길두서 화순까지 버스 타고 예배 드리며
오직 기도와 전도를 위하여

믿음 사랑을 묵묵히 실천에 옮기면서
겸손히 목회 길을 걸어온 주님의 종이여
님은 영원한 나라로 옮겼으나 뿌려 놓은 복음
열매로 영글어 영광 영광이로다.

↑ 박석순 목사

■ 서현식 목사(1922년 12월 22일~1998년 5월 28일)
　(구례 마산, 간전, 성암, 애양원, 여수중앙, 산돌교회 시무)

개척 교회를 위하여

순천지방 웅동교회 서병준 장로 아들로
대를 이어 믿음에 뿌리내리고 성장하여
일본서 고학으로 공부 만주 봉천 신학교 재학 중
조국 해방을 맞이하여 고향으로 돌아와
순천노회 구례지방 순회 전도사로 출발
구례 마산, 간전교회 개척하고
신학교 졸업 애양원교회 시무하면서
손양원 목사의 영향 받아 목회자로 자랐어라

한국전쟁 후 손양원 목사 순교 후에
애양원교회 담임목사로 시무하였고
순천 노회장에 당선되었을 때
송구함 금할 길 없어 피석했던 겸손한 종
그 후 여수중앙교회 시무하였고
은퇴 후 미평 산돌교회 개척하여
후배에게 넘겨주는 큰일 했어라

가슴 뜨겁고 전도에 불타올라

섬기는 교회 지역 교회 개척하는 사명감
순천노회 전도부장으로 봉사할 때에도
전도비 부족하면 사재 털어 개척 교회 지원
80년 여수노회 분립된 후에도
등대선교회 회장으로 봉사
선교비를 헌금하여 전국 각 지역과
동남아시아, 세계 선교에 앞장섰고
기도해 주고 협력한 선교 동역자이어라.

↑ 서현식 목사, 안기창 목사(섬지방 순회)

인재를 양성하며

여수 덕충리 영흥학교 설립하고
가난한 학생들 공부하도록 길 열어 주며
여흥교회 건축하여 학생들 믿음으로 무장한
수백 명의 인재 양성하였고
가난한 학생, 어려운 교역자들
베푸는 삶을 이어가면서
성령 충만함을 받아 가슴 이글거리며
뜨거운 정열 잠재울 수 없어
찾아다니며 개척할 곳 물색하며
추진력 강하여 안하고는 못 견디는 사명감
선교는 머리로 하는 것이 아니고
뜨거운 가슴으로 해야 하노니
말로만 하는 것이 아니라 발로 뛰어야 한다며
34개 처 교회 개척 열매 거둬들이고
귀한 일꾼 보내 주신 주님 뜻 이뤄지니
님은 영원한 나라에 갔으나 뿌려 놓은 씨앗
많은 열매 거두니 주님께 영광이로다.

제 4 부
선교이야기

■ 관광교회 건축

가야교회

진주지방 선교 사업을 봉사할 때
해인사에 매일 몰려드는 관광객들
해인사로 들어가는 가야면 소재지에
목조로 건축한 초라한 가야교회
절을 방문하는 관광객들이 잘 보이는
높은 자리에 교회를 건축하며
말 없는 전도가 되도록 관광교회를 건축

건축비를 모금하여 건축하면서
인휴 선교사 관광 선교시대 예견하며
석조로 관광교회를 건축하였네
비포장도로로 다섯 시간 먼 길,
한번 갔다오면 차를 수리해야 하는 어려움을 극복하면서
수없이 방문한 헌신과 희생이
열매가 주렁주렁 맺어 익어 가며
옛 교회 헐고 큰 교회로 신축하여
관광교회 사명 다 하고 있으니
주님의 크신 은혜 감사하여라.

구례 노고단교회

순천노회 구례지방 지리산 기슭에
화엄사 아래 개척한 노고단교회
관광교회로 건축하기 위해서
잘 보이는 부지 선정하려 했으나
못 구하고 교인이 헌납한 땅에
석공을 불러 돌을 쌓았으나 중단
석조로 건축하지 못했네

창문 밑에만 돌로 쌓았고
콘크리트로 높이 건축하면서
관광객들이 다 보이도록
종각 콘크리트 높이 올렸으니
지금은 마산제일교회로 성장하여
설립 이념을 충실히 감당하고 있네.

승주 낙수교회

낙수교회 길가에 초라한 목조 건물을
송광사 들어가는 길목에
빨간 벽돌로 30평 교회를 건축하여
100년 전 초창기 교회 전통 이어
교회가 덩굴로 뻗어 나갔어라

주암댐 공사로 철거가 되었으니
좋은 자리 택하여 건축해야 하는데
평촌리 한쪽 모퉁이 숨어 있는
초라한 조립식 건축으로 남아 있으나
순천선교회 개척자인 변요한 선교사
애지중지 키웠던 낙수교회인데
옛 모습 사라졌으니 안타까움이여

노회, 지방교회서 다시 복원하여
송광사를 드나드는 길목에
관광교회 건축을 희망함이여.

승주 남강교회

보이열 선교사 개척해 애지중지 키운
선암사 주변 언덕에 세워진 남강교회
주암댐 공사로 철거가 되어
선암사 들어가는 길목
철거민 부락 남쪽 자리를 잡고
절에 들어가는 관광객이 보이도록
서울 약수교회 모 집사 협력으로
빨간 벽돌로 건축 우뚝 선 십자가
선암사에 드나드는 관광객들에게
복음을 전하는 사명 다 하소서.

■ 선교 시범 지역

별량면 시범 지구

1982년 봄 신록이 우거지고
새들이 노래하는 좋은 계절
농어촌 복음화 위해 별량 지방을
시범 지구로 선정하고
50% 신자화 연구 개발하여
농촌 선교 정책에 반영키 위해
별량교회를 중심하여 복음화 운동
면장 지서 주임 유지를 교인들 초청
면민 복음화 대회를 시작으로
뜨거운 가슴 불태우며 출발하였어라

복음화 정책을 수립하기 위하여
실태를 조사하니 62개 부락, 7개 처 교회
개척 후보지 6개 처에 교인 수 9%
7개 처 교회는 배가운동을 전개
6개 처 부락은 교회를 개척하고
교회가 없는 마을 구역예배처로
전체 교인 총동원하여 전도하며

매년 연합집회를 통해 은혜를 받고
6개 기도처 교역자를 파송하며
성령의 뜨거운 불길 타올랐네

4년이 지난 후 보고받은 전도 실적
면민 9%에서 14%로 증가하였으니
기성교회 새신자 많이 결신했으나
그들은 도시로 도시로 빠져나가기에
농촌 교회 전도로 도시 교회 성장해
새로 증가한 5%의 신자 수는
개척 기도처에서 증가한 교인이어라

농어촌 복음화는 무 교회 부락에
교회를 개척할 때 교인 수가 증가한다는
사실을 확인하고 1974년 순천 방문한
맥가브란 박사의 10만 교회 개척의 뜻에 호응
교회 개척운동에 주력하였어라

외국서 목사들 방문 브리핑하며
감동을 받고 찬사를 보내주며
지원을 약속하고 본국에 돌아가서
격려편지와 선교비를 보내주는
성령이 충만한 계절 감사하였네

복음화 집회 은혜가 넘치고
그 후 오래 계속하면서
전도하고 은혜 받은 것 감사함이여.

↑ 선교지 조사

순천을 찾아온 귀빈

1978년 10월 순천을 찾은 귀한 손님
미국 CNEC 선교부 이사장 부부, 총무 부부
등대선교회 방문하여 만남이 이어지고
선교 재료들과 농어촌 정책에 큰 감동을 받고
우리가 결연 맺은 60개의 선교회 중에
등대같이 전국을 면밀히 조사하고 조직적이며
정열 갖고 선교하는 선교회는 없다며
즉석에서 초청하여 1979년도에 미국에 오라는
기쁜 소식 하나님의 섭리 감사함이여

내상개척교회 주일예배에 설교하고
밤 예배는 신전 기도처 방문하여
마을 사람 모아 총무가 설교하고
인휴 선교사 통역 부인들 특송하니
은혜 중에 교회 건축을 요청하고
농민들의 가난한 생활을 돌아보면서
2박 3일 짧은 일정 마치고
다시 만나기를 기약하면서 떠나갔어라.

미국 초청 방문

미국 CNEC 선교회 약속대로
1979년 10~11월 일정으로 초청장 보내
10~11월 두 달 동안 미국을 방문
오직 선교를 위한 뜨거운 가슴들
헌신하는 직원들과 얼싸안고
교제를 나누며 불타는 선교의 모습이여
50개 나라에 60개의 국제동반자선교회
현지인 지도자를 선교사로 인정하는
협력 선교 정책을 개발하여
미국서 큰 선교회로 발돋움하고

60개 국제동반자선교회 선교사들
제 나라 선교 사업 위해 모금 주선해 주며
미국선교회는 선교센터 역할하면서
각국 선교사들 자국 복음화 위하여
오지에서 교회를 개척하는 일꾼들
일 대 일로 결연 맺어 후원하며
월 30~50달러면 선교사 한 사람을
자기 선교사로 지원하며
선교 소식 주고받아 기도가 이어지니
미국 교인들 선호하고 후원하면서

선교에 보람을 느끼며 감사하고
선교비가 부족하면 현지 리더들이
보충하는 협력 선교정책이어라

저들 선교 개념으로는 세계 모든 나라
리더들이 동등한 선교사 입장에서
지배하는 자 중심이 되는 자도 없고
그리스도 안에서 같은 입장에서
자기들의 비전을 불사르며
같은 사무실에서 협력 선교로 결속되는
열린 선교 정책 마음에 들었네

왜 미국 직원만 있느냐는 질문에
각국 일꾼 원하지만 사람 없다고
한국 직원 있으면 좋겠다고 말하니
일할 수 있는 일꾼 소개하라는 말에
딸 영신이를 보내기로 허락받았으며
1982년도에 다섯째 딸 미국에 보내
선교 미술실에서 일하게 되었어라.

미국의 개척 교회

선교부서 마련한 방문한 교회들을
순서대로 방문하며 농촌 선교 소개하는 설교
인휴 선교사의 통역으로 이어지면서
밤에는 민박하며 아름다운 꽃을 피우고
성령의 역사로 선교사를 지원하며
한국 농촌 선교 관심을 보여주면서
선교의 교제가 이루어졌네

인상 깊었던 미국 교회 실상들
집을 빌려서 개척하는 교회들이
어려움 속에서도 선교에 관심 갖고
선교사들을 지원하면서 기도하고
선교를 최대의 사명으로 알면서
여신도 한 사람 나의 소매를 잡고 인도
교회의 현황판에 사진을 보여주며
우리가 지원하는 선교사들이라고
자랑스러워하는 것 감격스러워라

개척 교회도 선교는 해야 하는 사명
선교가 풍토화된 미국 교회의 일면
미국 교회들 축복받는 연유가 헤아려지네

한국 교회도 언제 저렇게 서로 협력하면서
선교하지 아니하고 견딜 수 없는
선교하는 교회가 되어지려나.

↑ 순천지역 선교 100주년 기념대회

통일로 이어지리라

방문하는 교회마다 설교 내용을
추수기를 맞이한 한국 교회라고 했고
통역하는 인휴 선교사 가슴 불타고
뜨거운 성령의 역사 충만하였어라

한국 교회 역사를 사계절로 분류하면서
1907년 평양에 강림한 성령의 역사
이른 봄 단비로 복음에 씨를 뿌리고
움이 터 자라는 계절이요
일본 강점시대는 비바람 몰아치는 여름
여름에 곡식이 자라듯 한국 교회는
시련 속에서 알차게 자라난 시기였고

해방된 오늘은 추수기로 수확 거두며
어디든지 누구든지 알곡을 거두는
추수의 계절 주심을 감사드리며

가을이 지나면 겨울이 오나니
눈보라 치는 겨울이 와도
일천 교회 개척하여 알곡을 채우면
우리는 승리할 수 있기 때문이라

농촌 복음화는 도시 교회들이 성장하여
한국의 복음화는 이루어지리라

겨울이 지나면 봄이 오나니
38선을 걷어 내고 동토의 땅 북한에
복음의 씨를 뿌려 전쟁과 정치로도 못한
남북통일 복음의 능력으로 이뤄지리라
복음을 모르는 세계 여러 나라에도
씨를 뿌릴 때가 올 것을 확신한다는
설교 마치고 강단에서 내려오면
중년 신사들이 몇 사람 기다리면서
우리는 한국전쟁 참전 용사라고
얼싸안고 한국을 사랑한다면서
네가 설교한 말씀대로 주시리라고
격려해준 것 지금도 잊을 수 없어라.

↑ 인세반, 인요한 북한 청진 결핵 보건소 방문

선교의 용광로

산호세 로스케이토스 크리스천 처치
오천 명 모이는 큰 교회 등대를 지원하고
1979년 10월 선교대회 기간 중
우리를 초청하여 민박하며 참석하고
한국 농어촌 선교 소개하며 교제를 나눴네

전 세계에 선교사 5백 명을 파송하는
캐나다 피플스처치를 담임한
스미스 목사를 강사로 은혜의 시간에
세계에 파송된 선교사들 초청하고
별관에 선교 사업을 소개하는 공간
각 선교사 담당한 선교지를 소개하는데
전통, 풍속, 의상, 서적 선교 전략들
사진, 슬라이드 등으로 교인들이
선교 현장에서 볼 수 있도록 전시하여
선교의 의욕을 북돋워 용광로가 되면서
마지막 저녁 선교비를 헌금하는데
교인들 앞을 다투어 헌금하니
전광판에 85만 불이 쏟아져 나오고
스미스 목사 자기 교회는 선교대회를 통해
150만 불이 나온다고 간증하였어라

선교대회를 마치고 민박에 돌아오니
주인의 말이 1년 동안 4만 불 작정하여
달마다 헌금하는데 채워 주시고
사업에는 지장 없이 축복해 주신다는
간증 감동적이며

응접실 책상 위에 여권이 있는데
해외여행 한 적이 없느냐고 물으니
주인 웃으면서 해외여행 다니면서
선교하겠느냐는 이글거리는 말에
아! 선교 대국인 미국 교인들이
선교에 임하는 태도 감동을 받았어라.

성숙한 선교

로스케이토스처치서 1982년에 분립한
산호세 크로스로드 바이블처치
선교에 단련된 교인들 뜨거운 가슴으로
오직 선교를 위하여 헌신하며
10년 만에 교인 2천 명으로 성장하고
12명의 선교사를 파송하면서
세계를 향해 줄기차게 뻗어 나가며
나를 자기네의 선교사로 끼워 주면서
기도해 주고 도와 준 것 감사함이여

미국 갈 때마다 방문을 축하해 주고
1984년도 딸과 같이 방문했고
1987년도에 박정식 목사와 방문하여
선교의 교제가 이뤄져 가족같이 다정했으며
컴퓨터 구입비 4천 불을 헌금해 주고
선교사를 대접하는 열기 뜨겁고
그 후에 세 번을 방문하였으나
기도와 격려로 채워 주는 교회여라

12명의 선교사 캘린더를 만들어
선교사들의 사진과 사업을 소개하며

순서대로 달마다 기도하고
각 구역에서 선교사를 담당해 기도하고
맡은 선교사 위해 헌금해 보내 주며
크리스마스에는 선물을 보내 주며
생일, 결혼날을 기억하여 축하장을 보내고
교회를 방문하면 찾아와 손을 잡고
우리가 당신을 위해 기도한다고 반기는
성숙한 선교 감사함이여

교회가 10년 만에 2천 명으로 성장한 것
선교하기 때문이라 자랑하는 교회
선교담당목사 각 선교지 방문하면서
선교 현황 살피고 격려하는 성숙한 선교
한국에도 두 번 방문하여 지원하는 교회들
격려하고 선교 소식 전해주며
성실하게 선교하는 것 부러워라.

민박이 이어지고

미국 교회 방문하는 선교사들 위해
교인들에게 민박을 신청 받아
질서 있게 하루 이틀 민박이 이어지고
선교사 대접을 기쁘게 생각하며
우리 집에 있는 동안 내 집같이
평안히 지내라는 친절한 말 감사하며
선교대국이 된 것은 가정에서부터라고
밤에는 끝없이 선교이야기 이어지며

미시시피 잭슨 시에서 2주 동안 방문하며
중년부부 가정에서 민박할 때
내외분이 유난히도 반기면서 영접해
1년 전에 신청을 했는데
이제야 왔다고 반기면서 기뻐하였어라
낮에는 시간을 내어 명소를 구경시켜 주고
부인 말로는 남편이 해군장교로 복무할 때
외로워서 군함이 영국 가면 비행기로 영국에
일본을 가면 일본 가서 만난 이야기들
한국 농어촌 선교에 대한 관심을 갖고
선교의 교제를 나눈 것 잊을 수 없어라.

선교하는 가정

두 달 동안 30여 가정 민박이 이어지고
가슴이 뜨거운 사람들과 교제를 나누며
밤에는 구역예배로 모이는 가정
미국 교회 구역예배 부부 함께 나와 진지한 예배
어려운 문제 놓고 같이 기도하고
우리가 하는 선교에 많은 질문을 던지며
나는 한국 농촌에서 선교하는 촌놈인데
미국은 모든 것이 풍부하고 행복해
여기가 천국인가 착각이 된다고 하고
제일 맛있는 음식이 무엇이냐고 하여
후라이드 치킨이라고 했더니
손뼉치며 웃으면서 즐거운 시간 보내며

방문하는 가정마다 선교에 뜨거운 가슴
식탁 옆 냉장고 문에 선교사 가족 사진
아이들의 믿음에 도움이 된다 하며
식사시간 돌아가면서 기도를 드리고
이웃을 위해 기도하는 아름다움이여

냉장고에 선교사 사진을 붙이는 것은
아이들이 냉장고 문을 자주 열기 때문

아이들까지 교회서 함께 예배드리고
학교 갈 때 어머니의 손을 잡고 기도해 달라며
자녀의 믿음에 관심 정성된 모습이여
건전한 가정, 구역예배가 교회로 이어지고
세계를 향하여 뻗어 나가는 선교의 역사가
축복된 가정, 교회로 이어졌어라
우리 한국 교회도 건전한 가정과 구역
알찬 교회로 이어지며 세계로 뻗어나가는
축복된 교회가 되기를 기원하였어라.

↑ 순천 선교 100주년 찬양대

행복한 노인들

1989년 10월 미시시피 주 잭슨을 방문했을 때
노인들 그룹을 방문한 것은 인상 깊어라
노인들이 식당에서 젊은 목사를 초청하여
예배를 드리고 이야기의 꽃을 피우며
노년을 즐기는 생활 부러워라
우리를 초청하여 선교 이야기를 듣고
내가 젊어진다면 한국 선교사로 가고 싶다며

젊음을 그리워하면서 선교에 관심을 갖고
선교대국의 노인들다운 자세 감동적이어라

내가 처음으로 미국에 왔다는 말에
미국의 수도 워싱턴 구경하라며
비행기 표를 주기로 약속해 주면서
가면 한국 의사가 있는데 거기 가면
선교이야기를 해 달라는 부탁

선교사들 대접하는 노인들을 접하면서
우리나라 노인들도 그들과 같이
행복하면 좋겠다는 깊은 생각에 잠기고
부러운 마음 금할 길 없었네.

청교도들의 유적지

노인들 덕택으로 은빛 날개 타고
새처럼 날아 슈니아에서 목회하는
배치수 목사 내외분을 방문하여
15년 만의 만남 얼싸안고 반기며
배치수 목사 안내로 미국을 개척한
청교도들의 생활상인 민속촌을
관광지로 개발 인파가 붐비고

옛 교회 보존되어 권위주의적인 시절
계단을 타고 올라가는 높은 강단
주님 바라보며 고난을 극복한 개척민들
청교도들의 믿음 마음에 스며들고

박정희 대통령이 다녀간 곳이라며
배를 타고 유유히 흐르는 강을 건너
1620년 120명이 영국서 신앙의 자유 찾아
대서양을 건너 도착한 플리머스 항에 가니
늦은 가을 아름다운 단풍이
세월 흘러도 변함 없는 옛 모습 그대로
대서양 항해한 메이플라워 호를 복원하고
통나무성, 주택, 교회, 행정기관, 복원했네

개척민 중 46명이 배 타고 와 상륙하여 혹독한
추위로 죽어가고 1년 농사를 수확하여
6명이 남은 여자들과 음식을 만들어
감사 예배를 드린 역사를 보면서
개척민들 고난 속에서 시련을 극복한
철저한 청교도 믿음의 일면 생각하며
부강한 미국 건설 세계로 뻗어 나가는
선교 대국으로 축복받은 연유가 헤아려지면서
머리가 숙여지며 감격을 금할 길 없었네.

↑ 메이플라워 호

미국의 수도 워싱턴

배치수 목사 내외분과 두 시간 질주하여
리치몬드에 도착하여 배 목사 모교인
신학교와 시내 명소들을 구경하고
버스에 올라 워싱턴에 도착
마중 나온 황수봉 목사 반기며
높이 솟은 독립을 기념하는 탑
백악관 돌아보고 황수봉 목사 가정에서 2박
섬기는 교회에서 예배를 드리고
잭슨에 사는 노인들이
소개한 의사 방문 선교 이야기를 나누며
이병규 목사 만나기 위해 버스에 몸을 의지
필라델피아에 도착 이병규 목사 안내로
시내를 돌아 자유의 종 앞에서
기념사진 찍은 것은 잊을 수 없어라

뉴저지에서 노회에 참석하니
여수성광교회 권용식 장로를 만나
타국서 고향 친구 만난 기쁨을 나누며
우리가 개척한 고흥 우두리교회
오 집사 가정을 방문 반가운 만남
뉴욕의 여러 명소를 구경하였네

순천 출신 안창의 목사 방문하여 반기고
뉴욕 맨해튼 빌딩 숲 관광선 타고
맨해튼을 한 바퀴 돌아보는데
자유의 여신이 던지는 미소
세계에서 제일 높음을 자랑하는
엠파이어 빌딩에 오르니 뉴욕이 내려보이고
다음날 뉴욕을 떠나 일본서 일박을 하고
한국에 돌아왔으니
농촌에서 선교하는 촌놈이
겁도 없이 미국을 누비던 것을 생각하며
하나님의 인도하심 아름다운 추억이어라.

■ 세계로 뻗어 나가며

등대 빛 세계로 뻗어 나가며

1979년 미국 국제 동반자 선교회를 방문하여
협력 선교를 통하여 확신이 생기면서
1981년 미국서 지원하는 3,000불을
등대선교회가 각 나라 현지 선교사
60명 월 50불 지원하며 남미, 아프리카,
동남아시아 등 등대 깃발을 휘날리면서
세계를 향하여 힘차게 뻗어 나가며

해외 현지 선교사 육십 명의 선교비는
국내에서 해외선교비로 모금하여
농어촌 교회를 지원 2중 효과 거두고
1998년 147명 선교사를 지원하면서
등대선교회 전성시대를 열어 갔어라.

제3차 개척 후보지 조사 및 3,000교회 개척 운동

별량면 시범 지구 농어촌 복음화는
기성 교회보다 개척 교회서 증가한다는 통계 따라
등대선교회 100호 이상 부락에
교회를 개척하는 원칙을 수정하여
성령이 역사하는 곳 따라 가까운 부락에
교회를 개척하기로 하였어라

개척 교회서 교인 수가 증가하는 원칙에 따라
1985년도 전국 개척 후보지 다시 조사하여
내륙 지방 270여 개 개척 후보지
도서 지방 내무부에 발행한 도서지 분석하니
전국 3,201개 섬 중 517개 유인도 중
302개 무 교회 낙도를 발굴하여
복음화 전략 수립 내륙 지방을 포함하여
1986년 3,000교회 개척 운동을 전개하여
진행하도록 지혜 자금 허락하신
성령의 역사로 허락하신 것 감사함이여.

낙도 선교

교회가 없는 낙도 302개의 섬을 분석하고
229개 작은 섬의 섬 교회 조사하니
13개의 섬에 교회가 있는데
복음이 들어온 경로와 유지하는 실태를 보니
개인을 통해 복음이 들어왔고
여수 지방 작은 섬 교회가 2개 처 있고
자립하는 교회로 90% 섬 복음화 이루고

1973년 인휴 선교사와 함께 방문한
통영군 욕지면 초도섬에 초도교회
12세대가 사는 작은 낙도에 초라한 교회
교인들이 모여 예배를 드리고
복음이 들어온 이야기 듣고 감동받으며
하나님의 은혜 감사함이여

60년 전 복음 받아 출발한 교회
김도율 씨 육지에서 복음을 받아
4세대가 사는 작은 섬인데
도율 씨 집에서 모이는 가정 교회
대대로 이어 12세대로 늘어나면서
복음이 살아 이어나가고

교역자 없이 성령의 인도로 유지되어
15평의 초라한 목조건물 예배당
교인들의 진지한 예배 받으시고
주님 축복받아 12세대가 욕지면에서
갑부라고 자랑하는 축복이 넘치는 섬
성령의 역사 오묘함 감사하면서

교회가 없는 302개의 낙도에도
60년 전 출발한 초도교회와 같은
가정 교회 설립하면 복음화가 이뤄진다는
소박한 희망 용솟음치며 진행하였어라.

전도대 파송

교회가 없는 삼백두 개의 섬에
여수지방에 있는 작은 섬들
초도교회 같은 가정 교회 개척하면
섬 복음화가 이뤄지는 꿈 부풀고

1987년 낙도 선교 전도대를 모집하니
대학생 직장인 자진 참가하고
2명씩 15대를 편성 광주에서 훈련받아
빈손으로 고흥 녹동 부두에서
전세로 마련한 배를 타고 출발하여
완도군 낙도에 보내 5일 동안 전도하고
순천에 돌아와 평가회를 가지며
다음해를 기약하고 석별의 정을 나누고

1995년까지 9년 동안 계속하면서
남해안 일대에 복음의 씨를 뿌리고
순진하고 정열적인 학생들의 헌신과 희생
눈물로 뿌린 씨앗 헛되지 않고
각 도시에 진출하여 열매 거두었으리라.

아웃리치 재단 총무 순천 방문

1980년 5월 미국 아웃리치 선교회
총무 하워드채드윅 박사 권오덕 선교사와
순천 등대선교회를 방문하고
농어촌 정책과 별량면 시범 지역 살펴본 후
조직적으로 선교하는 데 감탄하면서
전국적으로 교회 건축 필요하니
재단에서 교회 건축 1개 처에 5천 불씩
지원을 약속하고 돌아가 건축비를 지원하였어라

별량면 칠정기도처 방문한 후
진주노회 방문하여 목사들과 사귀고
산청군 원지 기도처 건축비 약속
떠난 후 순천 진주지방 건축비 지원했고
후임 총무 쟁키스 박사가 등대를 방문하여
격려하고 계속 건축비를 지원하여 주면서
순천지방에 덕정, 인안, 선학 등 여러 교회를 지원했고
그 교회들이 성장하여 사명을 다하고 있으니
주님의 은혜 감사함이여.

나성영락교회

1984년 미국선교회 초청을 받아
교회를 방문 모금 활동하는 중에
나성 영락교회를 방문하여
김계용 목사를 상면하니 반가워하고
한국 농촌 선교 이야기 이어지면서
우리 교회서 총회 전도부를 통해서
50개 농촌 교회, 월 일백 불씩 지원하고 있으나
관리가 잘못되어 실망하고 있다면서
등대선교회 지원 약속하였어라

김계용 목사 1980년도 브라질 선교사로
한국에서 안식년을 보내고 있을 때
총회 전도부 총무서리로 봉사하면서
등대선교회 농촌 선교 활동을 이해하고
등대선교회를 믿으니 명년부터 시작하여
신뢰를 얻으면 한국에 지원하는 선교비를
등대에서 관리하면 좋겠다는 말씀
성령의 역사인 줄 믿으면서 감사함이여
1985년 6개 처 개척 교회를 지원하여
계속되면서 신뢰가 이어지고
다음해 선교 담당 안덕원 목사가 방문하여

등대 정책 선호하며 돌아가 보고를 하니
후원자들이 눈물로 감동을 받고

선교 담당 목사 1987년 봄에 다시 방문
전도부장들 방문이 줄줄이 이어지고
농촌 선교가 전국적으로 확산되면서
선교비는 개척하는 일에만 지원하고
모국에 기념 교회 건축 운동을 전개하여
월 이백 불을 삼 년을 지원하면 개척하는
교역자 생활비 보조 100불을 지원하고
건축비 100불은 저금하여 삼 년 후에
기념 교회 건축하는 정책이 호응 받아
많은 교인들이 기념 교회를 건축했고
최금순 권사는 가족들 이름으로 지원하여
9처 교회를 건축하는 역사 이어졌어라

한국 농어촌에 100여 개 교회 개척하였고
48개 처 기념 교회 건축된 뜨거운 역사는
주님의 은혜로 믿으면서 감사함이여.

순천 삼산교회

1978년 버려진 교회가 살아나
1990년대 개발지역으로 아파트가 들어서니
교회가 크게 성장하고
등대선교회 선교에 동참하여
농촌 선교 해외 선교에 사명 불타고
국내 각 지역 농어촌 교회를 지원하며
국제 동반자 선교회와 함께
동남아시아 아프리카 등 모슬렘권
중국 베트남 등 공산권에 선교하면서
2,000교회 건축 운동을 전개하여
한국 농어촌, 모슬렘권, 공산권에 있는
국제 동반자 각국 현지인 선교회를 통해
교회 건축비 3,000불씩 지원하면서
72개의 교회를 건축하면서 뻗어나가
순천 명물 삼산의 깃발을 휘날린 것은
주님의 은혜와 성령의 역사이어라

등대선교회는 동반자 선교회와
50%씩 협력선교가 협약되었기에
지금도 3,000~5,000불이면 교회를 건축하니
선교는 저 투자 고 수확의 선교가
주님 기뻐하시고 현명한 선교이어라.

장학금 지원

농촌 선교 담당한 선교사들 3대 사업
교역자 생활비, 건축비, 장학금을 지원
각 선교사 사정 따라 지원했고
등대선교회는 1973년부터 장학금을
순천 성서학원 호남, 서울 장신 지급하고
진주노회 농촌 교회 교역자 자녀 장학금
지급하여 도움준 것 감사함이여

1980년 국제 동반자 선교회의 도움으로
영국 선교회서 매년 60명 장학금 지원
교대로 계속하면서 후원자 중 한 사람
1990년 8월 영국 워트롭 씨 한국을 방문
지원하는 장학생들 찾아 선물을 주며
격려하고 보람 느끼며 감사하고
지금까지 크리스마스 카드 보내는
영국인의 신사도 아름다움이여

등대장학금 받은 훌륭한 목사들
교회를 섬기며 은퇴한 목사들 많고
순천 출신 선교사로 세계에 이름 날린
모 선교사 등대장학금으로 목사 되었으니
하나님의 은혜 감사할 뿐이라.

남미 복음화대회

1987년 10월 2주 동안 브라질 상파울로
체육관에서 국제 동반자 선교회 주관으로
남미 복음화대회를 개최하여
국제 동반자 선교회 각국 리더들과
남미 교인들 한 자리에 5천 명이 모여
남미의 복음화 위하여 용광로 되어
복음의 열기 요원의 불길이 타올랐네

남미에 선교사 일만 명을 파송하는
계획이 익어 가면서 가슴들이 뜨겁고
일 주일간의 복음화 집회를 마치고

다음 주간 호텔 강의실에서
각국 선교회 리더들과 관계자 300명 모여
기도하고 각 나라 선교 비전 나누면서
세계 복음화를 위한 열기 불타고
회장 루이스부시 개회 설교를 하면서
국제 파트너스는 서로 돕고 도우면서
선교해야 한다는 선교 개념을 강조하며
한국의 등대선교회를 본받아 돕고 돕는
협력 선교를 당부하였어라

한국의 조동진 목사 강사로 강의하니
한국의 자존심 살려 감사함이여

한국대표로 이사장 박정식 목사와
볼리비아 정은실 선교사 참석하고
넓은 세상을 접하면서 많은 것을 배우고

남미의 성도들이 대회에 참석하기 위하여
칠레서는 버스 10대로 11일 만에 도착하였고
5일 이상 전세버스를 타고 참석하는 등
복음화를 위한 뜨거운 열정에 감탄하였으며
국제 동반자 선교회 각국 대표들
선교의 사명에 불타고 헌신하는 정열이여
기도하고 협력을 다짐하며 손에 손을 잡고
그리스도 안에서 형제가 되어 보낸
한 주간 그 시간 잊을 수 없어라

대회 후 비행기로 18시간의 지루한 여행
뻗어 있는 남미대륙을 보며
멕시코 땅 내려다보면서 감회가 깊고
지평선에서 찬란한 햇빛 솟아오르니
구름들이 꽃을 피우며 만물상을 연출
뭉게뭉게 떠오른 아름다움이여
하나님의 기묘한 솜씨 감탄하였어라

정은실 선교사를 만나
남미에 선교사 10,000명 보내기 운동
일만 명이 파송되었느냐 물으니
일만 명이 더 와서 선교한다는 말을 듣고
미국 교회들의 선교 열정 대단함이여.

↑ 서울 약수교회 인도네시아 방문

상파울루에서

남국의 하늘 유난히도 푸르고
바람에 쫓기는 구름
비를 뿌리고 지나가
가마솥 찌는 더위 삼키고
가로수 잎은 싱싱하게 빛나네

상파울루의 침침한 밤거리는
가로등불 빛 아래
젊은 쌍쌍의 속삭이는 모습
댄스홀 앞에서는
서로 부둥켜안고 입을 맞추네

내일의 하루 앞도 모르는 채
오늘을 즐기는 하루살이들
여인들의 나체 행렬은
구리빛으로 빛나니
상파울루는 향락의 도시여라

뜨거운 은혜 용광로 속에서
남미의 복음화를 위한 기도와
울부짖으며 찬송하노니

주님의 크신 축복이 임하여
남미의 복음화가 이루어지소서.

⁑ 안기창 · 박정식 목사 남미 선교지 방문

동남아시아 선교지 방문

1988년 10월 필리핀 동반자 선교회
회장 씨아도라 목사와 총무 엘리퀴스
순천에 초청하여 후원교회 방문
선교 보고하면서 선교 소식 전하고
한국 교회 발전에 큰 감명을 받으며
1989년 4월 우리들을 초청하여
4명의 후원자들을 인솔하고
필리핀, 싱가포르, 태국 선교지를 방문하면서
우리가 지원하는 현지 선교사를 찾아
격려하고 선교의 교제가 이루어지며

씨아도라 목사 84세의 노구에도
가슴에 정열이 불타오르고
필리핀 복음화를 위해 헌신하는
선교의 뜨거운 얼 감명이 깊었어라

동양 선교의 중심지 싱가포르
각종 선교 단체들의 모임들
우뚝 선 동반자 선교회 건물
선교 비전을 과시하며
싱가포르 주변 여러 나라에 복음 전하고

불교의 나라 태국을 방문
외롭게 선교하는 한국 선교사들의
교회를 방문하여 교제를 나누며
우리를 안내한 자가용 운전사
방콕의 명승지를 차례로 구경하면서
자기는 3명의 마누라 거느리는데
세 번째가 사준 자동차라고
여권이 짓밟히고 빈부가 심한
권위주의가 지배하는 나라이어라

1990년 초반부터 세 번에 걸쳐서
후원자를 모집하여 선교 현장을 방문
필리핀, 싱가포르, 인도네시아 발리 섬
홍콩에서 중국 선교의 현황 들으며
중국 선교에 관심이 깊어지며

각국 선교회들 뜨거운 가슴으로
미전도 종족들을 향한 선교의 비전
뜨거운 선교의 얼 불사르며 헌신하고
인도네시아 선교회 마란티카 박사
1,300개의 섬 중에 5만 개의 부락에
교회를 개척하는 원대한 꿈을 키워
모슬렘과 전쟁을 선포하고 전도하며
헌신하는 모습 감동적이어라

후원자들 선교 현장을 방문하면서
선교 보고에만 의존한 선교의 소식
직접 보고 들으면서 보람을 느끼고
뜨겁게 협력하며 전성시대 열어가니
등대 깃발 휘날려 주께 영광 돌려드렸네.

↑ 인도네시아 신학교(이귀철, 안기창 목사)

중국 선교지 제1차 방문

1994년 5월 중국 선교 현장을 방문
동반자 선교회 홍콩 주재 책임자
사무엘 창 목사의 아내로
홍콩 카이탁 공항에서 이륙하여
광둥 시까지 한 시간 반
마중 나온 중국 관리들 만나서
표정이 없는 미소지만
서로의 따뜻한 마음으로 악수 나누고
유명한 동킹호텔에 안내되었네

새벽 어두움을 뚫고 상창까지 날아
내륙의 개발도시로 발전이 되고
종교국 직원들과 세 시간 달려
남쪽에 있는 수안 시에 도착했네

영빈관에 안내해 여장을 풀고
깨끗이 정돈된 곳이었으나
모기, 벌레가 우글대는 초라함이
40년 공산 독재 정권의 모습을
말없이 보여주는 생활상이어라

종교국 관리들 안내로 방문한 교회
삼가당 간판이 걸려 있고
300명의 남녀교인들 운집하여
찬송 부르며 예배를 드리니
감격 금할 길 없어라

인사를 청하여 한국말로 인사하고
영어로 통역하고 표준말로 통역하며
중국 목사 다시 방언으로 통역하니
삼중으로 의사 소통
교인들은 의사가 소통되어
미소로 나를 환영해 반겨줬네

오후에는 삼가당교회에서 경영하는
소학교 방문하니 학생들의 실상
열악한 교실에서 맨발로 공부하는
어린아이들 애처로워라.

중국 선교지 제2차 방문

그해 11월 초 광주벧엘교회 교인들
다시 중국 선교지 방문하기를 원해
수안 시를 방문하여 성경학교를 방문
학생들의 뜨거운 가슴과 열정이
말없이 가슴과 가슴에 와 닿고
종교 자유 좁은 문 열린 것 감사하여라
삼가당 소학교 방문하여 선물 나눠주고
미국 교회서 개척한 교회 입당식 참석하여
은혜를 받고 7일 만에 귀국하였어라.

↑ 광주벧엘교회에서 건축한 중국 목은당교회

중국 선교지 제3차 방문

중국 선교를 위해 모금하여
필요에 따라 소학교 학생들
장학금으로 월 5불씩 50명 도와주고
교회 건축비를 모금하여 3개 처의
교회 건축비를 지원하면서
1997년 광주벧엘교회서 지원한
목은당교회 입당식에
벧엘교회 교인들 참석하여
교인들과 어울리면서 축하했어라

벧엘교회서 지원한 건축 헌금 팔백만 원
목은당교회 건축비로 적은 자금
왜 이렇게 큰 교회를 건축했는지
사무엘 창 목사의 말 교인들이 몰려드니
큰 교회가 있어야 된다는 반가운 말
우리가 지원한 건축비 부족하여
교인들 헌금하고 부족한 헌금
종교국에서 지원했으니 감사함이여.

제2차 전국 개척 후보지 조사

1979년 여름 총회 전도부 정책회의
광나루 신학교에서 전국 전도부장 모여
1985년 선교 100주년을 기념하여
5,000교회 개척 운동 평가하면서
지난 5년 동안 큰 진전이 없으니
후반기는 구체적인 계획 필요하다며
순천노회 모델로 계획수립 요청하여
부족한 종에게 위촉하여 순종하고
1981~1985년까지 개척 계획서 작성을 위해 위촉
기존 자료 지도를 재정리하고
총회 전도부 간사와 전국노회를 방문
조사하고 1,500개 처 교회 건축하며
목적 달성된다는 계산으로
계획서 작성하여 9월 총회 때 통과되고

이의호 총무 총회 총무로 자리를 옮기면서
총회 예산을 투입하여 세워진 계획서
후임 총무 새로운 계획 속에 휴지화되어
5,000교회 달성 못한 것 아쉬움이여.

제4차 전국 개척 후보지 조사

1992년 총회에서 1만 교회 4백만 성도 운동
통과하고 전도의 불길이 타오를 때
1만 교회 개척을 위한 계획서 필요하여
1994년 3월 전도부 정책회의 열어
총회 때까지 작성하라고 위촉하여
1년 걸리는 큰 작업 6개월에
불가능한 일이지만 받아들이고
지도 구입하여 일꾼을 동원하고
순천노회를 모델로 개척 후보지를 조사
전국 각 노회를 방문하면서

각 노회 임원 전도부원 시찰장들 초청
현지답사하며 개척 후보지를 확인하고
노회의 의견을 충분히 반영하면서
총회전도부 실행위원회의 의견들을
존중하면서 작성하여 9월 총회에
개척 계획서가 통과된 것 감사함이여.

은혜를 감사하며

1994년 유난히도 일을 많이 주신 한 해
주님의 도구로 사용하시면서
건강 주신 은혜 감사하며
총회 전도부 위촉을 받고 준비하는 중
5월 중국 선교지를 방문하기 위하여
후원자들과 광동성 선교 현장을 거쳐
북경으로 돌아 귀국하였고

전국 52개 노회를 방문하면서 확인
개척 후보지를 정리 계획서를 작성하여
약속대로 8월 중순 총회 전도부에 제출
총회서 허락한 것 감사함이여

10월에 미국 국제 동반자 선교부 초청으로
1개월 미국 교회들을 방문하여 모금하고
11월 귀국하니 광주벧엘교회 남선교회원들과
일주일간 중국 선교지 방문하였으니
일 년 세월이 번쩍 흘러가고
초창기 선교사들의 눈부신 활동 생각나니
주님의 특별한 은혜 감사하였네.

국제 동반자 선교회 평의회 참석
(Partners Internatinal Council)

1998년 10월 국제동반자 선교회 초청
영국에서 모이는 평의회에 참석 위하여
홍정래 목사 임종빈 목사와 3명이서
은빛 날개 번쩍이며 지루한 시간
하늘을 날아 중국대륙을 지나
몽고의 땅을 내려다 보면서
러시아 상공 지나며 감명이 깊고
도버해협의 푸른 바다 출렁이며
히드로 공항에 이르니 황혼이 짙게 불타고
변덕스런 영국의 날씨지만
지금은 활짝 개어 우리를 영접하는 듯
밝은 미소 정다워 보이는구나

마중 나온 두 사람 형제처럼 얼싸안고
어두움을 헤치고 달려온 보트리 홈
영국 왕가의 여름 별장으로 쓰여지던 곳
2차 대전 처칠이 군 수뇌부와 함께
전략회의를 모인 곳으로 역사적인 건물
우거진 숲 정돈된 정원수들 반기고
잔디밭 길 잔잔한 호수로 인도하는

영국의 권위와 위엄을 풍기는 건물이어라

영국의 6개 선교 단체가 입주하여
세계 선교 요람이요 산파 역을 하는 곳
국제 동반자 선교회는 세계 50개국 60개의 단체
협력하여 세계 복음화 사명 감당하고
가난하고 미개한 미전도 종족들 위해
일천만이 복음을 받은 열매 거두면서
하나님의 나라를 확장해 나가고

여기에는 누가 큰소리 내는 일도 없고
지배자도 없고 중심 되는 자도 없다
법적인 제재도 없다 자신들의 지도자로
자신들의 비전에 의해 자국 백성들을
위하여 복음을 나누면서 가슴 불태우고
동등한 권리와 자신들의 지식과
영적인 분위기를 최대한 인정하면서
복음의 일꾼으로 협력하며 은혜를 나눈다

상임이사국 7개의 나라는
　미국, 영국, 캐나다, 호주, 뉴질랜드, 남아프리카 공화국,
일본 등
　각 나라의 선교회 지원 역할을 하고
　한국과 싱가포르가 상임이사국 가입

문제로 진지한 토론이 이어지며
등대선교회는 선교 현황과 앞으로의
비전을 제시하여 호감을 주었고

세계 여러 나라의 선교문제 토의하고
협력하는 선교의 놀라운 증거들
함께 기도하며 나누는 일이
얼마나 중요한가를 실감하였어라
언제나 순천지역 교회 지도자들
세계의 넓은 바다를 누비려나

회의를 마친 후 존 웨슬리의 생가를 찾아
어머니의 기도 때 묻은 손자국
고인의 땀 냄새나는 의자 대하니
마음이 숙연해지고 감회가 깊었어라

모처럼의 기회이니 장로교의 본산인
스코틀랜드의 에든버러를 찾아드니
오랜 연륜이 쌓인 천 년 묵은 교회들
존 녹스의 동상 밑에서 머리가 숙여지며
천년의 역사를 속삭여 주는 듯
기독교의 꽃, 빛나는 문화를 물려줬네.

미전도 종족 선교(10/40창)

세계에 복음이 없는 나라는 없다
가장 복음이 전해지지 않은 곳은
미전도 종족들이 사는 10/40창 지역이라
남위 십도 북위 사십도
동남아시아에서 아프리카까지의
8천여 미전도 종족들이 살고 있는 곳
세계의 땅 삼분의 일(1/3)을 차지하고
인구는 삼분의 이(2/3)가 사는 땅이어라
가장 미복음화된 55개국에
30억 인구 중 97%가 미전도 불모의 땅
그중 24억의 엄청난 인구는
국민 소득 500불 미만의 가난한 땅
세계에서 가장 미개한 족속들
이슬람교, 힌두교, 불교권이 포함되는 곳
사명 가진 기독교인이라면
지상 명령으로 주신 사명 외면할 수 없으리

선교의 문을 넓게 열어 주신 지역
가장 효과적인 선교의 지역이어라
국제 동반자 선교회는 지금까지 여기에
집중적으로 선교하고 있고

등대선교회도 오십 개 나라에 육십 개의
결연 선교회와 함께 147명(1998)
원주민 선교사들을 지원하였고
72개의 개척 교회를 건축하였네

국제동반자 선교회는 3,354명의
현지인 선교사들 여기에 파송하여
15시간마다 1개 처 교회가 세워지고
10분마다 1명의 세례교인이 탄생하며
5분마다 어려운 사람들이 구제를 받고 있는
통계를 볼 때 실로 놀라운 사역이라
저 투자 고 효율의 열매를 거두고 있어라

세계 교회들 여기에 선교의 초점을 맞추고
선교적 사명을 감당하는 지역인데
모슬렘은 기독교를 적대시하며
모슬렘권에서 선교하는 선교사들이
가장 많은 피해를 입고 있는 곳
기독교와 전쟁을 선포한 어려운 지역
테러와의 전쟁은 권력이나 무기로는 안 되고
복음의 능력으로 승리하리라
세계 교회들이 비상한 관심을 가지고
선교하는 지역 10/40창이 복음화를 이뤄
오! 주님, 세계 평화 이뤄 주소서.

■ 등대선교회 30주년을 맞이하여

등대 창립 30주년을 맞아

만물이 소생하고 꽃피는 3월에
선교사들이 등대선교회를 창립하고
선교사들이 봉사해 온 농어촌 선교
매산등에서 선교의 얼을 이어받은 30돌
새 천년을 맞이하여 감회가 깊었고
조선 땅에 복음 전해준 것 감사하면서
순천중앙교회서 기념예배를 드리고
어려운 시대를 주님의 은혜로 이겨내면서
예루살렘 온 유다 사마리아 땅 끝까지
50개국 60개의 국제 동반자 선교회와 손잡고
협력 선교로 세계 복음화의 대열에서
선교의 사명을 감당하는 것 감사를 드리며

기념 사업으로 북한에 복음을 전하여
복음의 능력으로 통일되기를 희망하며
박물관을 설립하여 초창기 선교사들
정열적이며 헌신적인 선교의 얼과
순천 매산등 예루살렘에 성령의 역사가

재현됨을 기리고 보존하고 전수하는
사명 다하도록 놀라운 섭리 감사함이여
주님께서 영광 받으시리라.

북한 선교

1979년 미국 교회들을 방문하면서
북한에 복음을 전할 것이라는 비전이
뜨거운 가슴에 되살아 오르면서
유진벨 선교회를 통하여 길을 주시고
북한 선교 정책을 수립하여 향후 10년간
결핵진료소를 1년에 1개 처씩 설립하여
10개의 진료소를 설립하고 신뢰성을 회복하고
문이 열리면 직업훈련소를 설립하여
단계적으로 복음을 전할 정책과
선교 요원 훈련소 설립 계획을 수립하니
미국 국제 동반자 선교회 쌍수로 환영하며

2001년 1월 홍콩 주재 극동 총무 창 목사
동남아선교 담당 아더 지 목사가 방문하여
프로젝트를 검토하면서 시급한 것 요원 훈련이라며
지금부터 시작해야 한다고 권하면서

설립한다면 자금 지원을 약속했으며
북한에 등대 이름으로 결핵진료소를
단독으로 1개 처를 보조하면서
미국 선교회 북한 담당 벤시야가 등대선교회 대표로

북한을 방문 전달하는 등 진행되는데
모든 계획들이 좌절되어
북한 선교에 대한 비전 사라졌으니
아쉬운 마음 금할 길이 없어라

오! 주님이시여 성령의 역사 임하소서
우리의 가슴 뜨겁게 하시고
북한 선교를 복원하여 민족의 숙원인
통일이 복음의 능력으로 이뤄지며
새들이 노래하는 봄이 오게 하소서.

↑ 등대선교회 설립자 인휴 선교사 묘

하늘나라로 먼저 가고

인휴 선교사는 선교의 얼을 불태우면서
한국 농어촌 선교를 위하여 부르심 받아
불철주야 오직 농어촌 선교를 위하여
명예, 가정을 다 버린 삼대를 이어온
전통적인 선교의 얼 한 몸에 간직한 채
75년 일천 교회 개척 운동을 전개하면서
발굴한 개척 후보지에 교회를 개척하면
한국 농촌 복음화 이뤄진다는 희망과
확신이 뜨겁게 불타고

일천 교회 개척을 위한 강력한 추진력
대전 오정동에 선교부를 신설하고
강릉에 선교사 주택을 마련하여
젊은 선교사들을 파송 받아 복음 전하고
결실이 맺어질 무렵 1984년 4월
조례동 요양소 앞에서 교통사고로 순직하니
어두움이 앞을 가려 보이지 않고
등대선교회의 오른팔 역할을 한 인휴 선교사
나는 왼팔로 일하면서 여기까지 왔는데
오른팔이 떨어졌으니 눈앞이 캄캄하였어라.

선교 역사 박물관 설립

인휴 선교사 순직한 후에
어두움이 앞을 가려 보이지 않는데
성령의 역사로 비전을 주시고
새 출발을 하게 된 것 감사함이여
그의 정열과 헌신, 강력한 추진력을
보존하고 전수하기 원하는 마음이
기념 교회 건축의 비전을 주시어
모금 운동을 전개하고 모금이 이뤄지니

1992년 3월 조례동 요양소 앞 땅
교회 부지로 이사회에 청원했으나 좌절되고
건축 자금 고이 간직하고 때를 기다리며
북한 선교 정책을 수립하여 순천에
북한 선교 요원 훈련센터 설립 계획 수립하여
미국 선교부에서 20만 불 지원하기로 약속
기념 교회 위하여 모금한 자금으로
훈련센터에 투자하기로 하였으나
이 일도 주님께서 막으시고 좌절되니
섭섭한 마음 금할 길 없었어라

2002년 3월 미국서 인휴 부인이 방문하고

인휴 선교사 역사 박물관 설립을 위하여
진료소 이층을 허락받은 것 은혜로다
하나님의 강력한 섭리 다른 것 다 물리치고
박물관 설립 되니 만사가 주님의 섭리여라

2004년 1월 27일 3년 9개월 만에
해산의 수고 끝에 개관을 허락하시고
도구로 쓰시면서 거룩한 뜻 이뤘으니
존귀와 영광 주님께서 받으시옵소서
기도와 물질을 후원한 후원자들에게는
하나님의 크신 축복이 충만하리라.

↑ 선교 역사 박물관 문화재 127호

어두움을 걷어내고

지금은
맑고 푸른 하늘이 펼쳐진
동방의 등불이지만
풀 한 포기 자랄 수 없었던
삭막한 황무지
그때 그 시절을 기억하는가

이리 떼가 산야를 질주하고
까마귀가 하늘을 날며
짐승들의 울음 소리만 흐르던
칠흑같이 어두운 그 밤을
그대는 아는가

여기에 뜨거운 가슴으로
무거운 십자가를 지고 온 사람들
어두움을 걷어내고
계명성에 새벽을 열어가며
찬란한 빛을 밝혀
이 강산 방방곡곡 뿌려 주었어라.

- 순천 선교 100주년 기념대회(2005년 10월 27일)

백 주년을 축하하며

1905년 벌교 무만교회 여수장천교회
설립한 지 100주년을 맞이하여
가슴 가슴마다 뜨거운 감격 흘러내리고
순천지역 교회들 모두어 한 몸이 되고
각계각층 인사들 한 자리에 초청하여
축하 예배 드리니 주님께 영광이로다

6,000명의 성도들 팔마체육관에 모이고
1,200명 연합성가대의 합창이 울려 퍼지며
하늘 높이높이 메아리쳐 올라가고
찬송을 부르며 백 주년을 축하하는 함성
백 년 이래 처음 모이는 큰 모임이여
하나님께 존귀와 영광 찬송을 올려드리니
주님의 오묘하신 섭리 감사함이여.

오! 순천이여

선비의 고장으로 이름이 드러나고
효자비가 많은 고을
용맹하고 재치 있는 군인이 있고
청백리 자랑하는 팔마비가 서 있는
소문난 고장 오! 순천이여

칠흑같이 어둔 밤
바다 건너 날아온 까마귀들이
발톱으로 허빈 성곽
풀 한 포기 자랄 수 없는
삭막한 황무지 되어
슬픔이 사무치던 오! 순천이여

밝고 찬란한 복음의 불길이
삽시간에 번져 나가며
일제의 모진 바람 몰아치고
붉은 깃발 펄럭여도
피를 뿌리며 이겨냈나니
오! 자랑스러운 순천 땅이여

그로부터 한 세기가 흘러간 오늘

복음의 불길 높이 타오르며
모두가 얼싸안고 감사의 노래
깃발을 휘날리며
백 주년을 기념하는 감격의 함성
오! 순천 평화와 축복의 땅이여.

↑ 순천 선교 백 주년 감사예배

세계로 뻗어 나가리

등대선교회에서 선교 역사 박물관으로 이어지고
순천지역 선교 100주년 기념 사업으로 이어지면서
성령의 충만한 역사 임하니
가슴 가슴에 뜨거운 불길이 타오르고
100년 전에 선교사들이 순천 매산등에서
복음의 씨를 뿌려 순천지역에 꽃피우고
열매 맺어 전국적으로 뻗어 나갔으니
주님께 영광, 성령의 인도하심 감사함이여

선교사들의 정열적이며 희생적인 선교의 얼
순천지역 교회들이 빚진 자의 마음으로
은혜를 보답하면서 복음의 빛을 받지 못한
미전도 종족을 위하여 뻗어나가면서
100년 전 매산등 성령의 역사 재현시켜
교회 개척, 학원 선교, 의료 선교를 이뤄
복음을 전하여 세계 복음화에 이바지할 때
알곡이 결실되어 순천의 복음화가 이뤄지리라.

제 5 부
시련을 딛고 서서

■ 두라섬 두라교회

시련을 승리로

유리같이 맑은 바다 선창에 내려
초록색 동백나무 싱그러운 공기를 마시며
날개를 파닥이는 물새들의 곡예
주님 창조하신 대자연 아름다움이여

가파른 비탈길 기어올라가니
울퉁불퉁 멋대로 쌓아올린 돌담 속에
숨어 있는 바람막이 얕은 지붕들

암울했던 일제 강점시대
가까운 대리도 교회를 드나들던
최양근 아줌마의 가슴속에
복음 진리의 씨가 뿌려지고
남편을 비롯한 네 형제 가정이
성령의 충만함을 받아
주님을 영접하고 출발했어라

사랑의 뜨거운 용광로 초대교회의 열기

요원의 불길 되어 활활 타오르고
25세대 작은 섬 마을
찬송가 부르는 소리 메아리치니
훈훈한 첫사랑의 꽃을 피웠어라

고개 넘어 인금이 부락의 한 집안 김씨들
교회를 반대하여 경찰에 밀고하니
큰 아들이 여수 경찰서에 수감되고
고문과 고통을 십자가의 보혈로 이겨내
믿음이 영글어가고
감사하며 초대교회 넝쿨로 뻗어 나갔네.

사랑으로 용서하니

조국 광복의 종소리 울려 퍼지니
감격과 기쁨이 벅차오르고
은혜의 물결이 넘쳐흘러서
찬송과 기도의 열기 달아올라
네 가정 형제들의 피와 땀으로
거룩한 예배당을 세우고 성장해 나갔네

여순 반란 소용돌이 속에서
적군의 발톱이 두라도까지 밀려오고
눈엣가시같이 교회를 미워하던 유지들
청년들 동원하여 벌통구미 부락 넘어오니
교인들 도망쳐 숨어 있고
애지중지 지은 교회 파괴되었으니
마음이 찢어지는 아픔이여

반란군 패배하여 도망치고
교회를 파괴한 청년들은
빨갱이의 부역자로 몰려
지서 감옥에 끌려가 수감되었네
우익 청년들에게 몽둥이로 두들겨 맞고
여수 경찰서 넘어가면

생사를 알 수 없는 위험한 처지에

교회를 반대한 유지들
자식들이 감옥에 수감되는 위기 속에
교인들 앞에서 무릎 꿇고 애원하니
원수를 사랑하라 하신 주님의 말씀 따라
교회 대표들이 남면 지서 찾아가서
그들을 감옥에서 구하여 내니
청년들이 죽음에서 풀려 나왔어라

교회를 반대하던 유지와 청년들
주님의 사랑에 크게 감동을 받아
회개하는 울음소리 퍼져나가고
자진해서 자기들의 산에서 재목을 준비하여
배나 큰 교회를 다시 건축하였네

청년들 모두가 주님을 영접하여
교회에 출석하니 교회가 차고 넘쳐
1950년 12월 두 번째 교역자로
두라교회에 부임하니
사랑과 전도에 불이 타올라
교회는 무럭무럭 자라났어라.

축복의 땅이여

1954년 화태도에 교회를 개척하기 위해
정든 교인들과 석별의 정을 나누면서
두라교회를 떠나가고
그 후에도 초대교회 열기 타오르며
주님의 사랑 용광로 되어 사랑으로 뭉쳐서
뜨겁게 전도하여 성장해 나가니
1980년 등 넘어 인금이 부락에
대두교회를 분립하여 교회를 건축하고
교회를 핍박하던 자손들 주님 영접하여
교회의 자리 채워 넘쳐 나가고

65돌의 세월이 흘러간 오늘
하나님의 크신 축복받은 섬으로 이어져
인금이 부락 대도교회는 100%
벌통구미 부락은 23세대의 작은 부락이지만
95% 교회 나오니 복음화 이루고
술집이 없는 섬, 생활이 풍요롭고
자립하는 교회로 성장해 나가고
목사들이 시무하고 어려운 교회를 도와주는
성숙한 믿음 자랑스러워 오! 축복의 땅이여.

■ 화태섬 화태교회

부르심 받아

붉은 색이 짙게 물들여진 섬
1954년 2월 불모의 땅에
화태교회를 개척하기 위하여
두 아이를 거느리고 월전 부락 단칸방에
사월 첫 주일 건널목 부락 김상선 씨 집에서
다섯 명의 여인들이 모여
첫 예배를 드림으로 시작하였어라

1954년 6월 김평준 전도사 부임하여
김명선 씨 집으로 자리를 바꾸어
청년들 어린이들이 방과 마루로 미어졌네
김 전도사 떠나가고 화태교회 부임했네

사택을 월전에서 건널목 부락으로 옮겨
성도들과 어울어져 교회가 뻗어 나가고
교회 건축 부지를 구하는데
유지들 교회 건축 땅 파는 것을 막아
교회 짓는 꿈은 깨어졌는데

성도들의 기도가 멀리 하늘로 메아리쳐
주님께서 들으시고 기쁜 소식을 주셨네.

↑ 화태교회

순천지역 선교 100주년 기념 시집
선교이야기 — 제5부 시련을 딛고 서서

교회를 건축

마을에서 이름난 주정뱅이 아저씨
날마다 술을 마시고 비틀거리며
콧노래를 부르는 이름 높은 건달이
교회 부지로 눈에 들어오는 밭인데
술집을 짓는다고 땅을 판다니
주정뱅이 남편 얄미워 애를 태우며

박씨 부인 화가 나서 우리를 찾아와
교회 지을 땅 줄 테니 우리 땅에 지으시요
박씨 부인 말을 듣고 따라가니
내 원수가 우리 밭에 술집을 지으니
교회는 이 땅 이 자리에 지으라는 말에
술집 건너편 교회 부지 사들이니
할렐루야 아멘 성령의 역사 감사함이여

동쪽은 건널목 부락을 내려다보고
서쪽 선창이 있는 독쟁이 부락
북쪽으로는 섬을 수호한다는 당산을 마주보며
57년 봄에 교회를 건축하니
비좁은 작은 방에서 예배당으로 옮겨지고
찬송 소리 건널목 부락에 넘쳤네
교회가 수목이 자라듯 뻗어 나갔어라.

시련을 이기고

교회를 건축한 그해 그 마을의 터줏대감
박씨 황씨 가문의 대표격인 인물들이
유행성 병으로 세상을 떠나고
왜 갑자기 양 가정 어른들이 죽어 갔는지
점쟁이에게 점을 치니 부락 위에 교회 짓고
교회가 당산 위에 잘못 섰으니
앞으로 화를 면키 위하여
교회를 옮기라는 점쟁이 말을 듣고

박씨 황씨 가문에서 동회를 열어
교회를 옮기라는 강한 항의가 이어지고
하나님의 섭리 따라 지은 교회
옮길 수 없어 묵묵히 기도하며 이겨 나갔네

남면지서 주임 방문하여 교인들의 원하는 대로
배나 넓은 땅에 교회도 배나 크게 지어줄 테니
허락하라고 유혹했으나 반대하고 거절했어라

일 년이 못 가서 술집으로 지은 집을
교회 사택으로 사들이고
삼 년 후에는 교회와 사택이 있는 밭을 사서

교회는 제자리에 세워지고
성장하면서 주님 영광 빛나니

그 후 등대선교회에서
월전 부락에 교회를 개척하고
묘두 부락에 교회가 개척되면서
22명의 목사가 배출 되어
각 지방에 흩어져 복음 전하고
섬 사람들의 생활 풍요를 노래하며
전체 인구의 40% 복음화 이루어지니
오! 자랑스러워 축복받은 섬이여.

■ 순천 삼산교회

버려진 교회

1953년 김화숙 전도인
윤점순 집사의 기도와 땀으로 개척된 교회
25년의 역사 속에 23명의
교역자들 발자취를 남기고
노회서는 업동교회를 수년 동안 지원했으나
소망이 없어 교회 문 닫고
성북교회로 합병하도록 결정
풍전등화 같은 운명에 직면하였네

등대선교회 총무로 재직하면서
교회가 죽어서는 안 된다는 사명감으로
1978년 1월 1일 첫 주일 24번째 교역자로
주님의 부르심 따라 자원하여 부임하니
교인들 목사가 왔다고 기뻐하였어라

뒷산 중턱 경사진 땅에 자리잡은
기술 중학교 땅 언덕에 세워진 교회
브로크로 건축하여 미장도 못한 채

허술한 창문은 광목천으로 가리고
비닐 장판 자리에 앉자
성종은 산소통을 대신하여 꽝꽝 울리고
여자 12명 중학생 7명이 모여
예배 드리는 버려진 교회 애처로워라

3개 마을, 129세대, 인구 600여 명
80%가 농사에 종사하고
하루살이 품을 파는 가난한 생활
교회의 위신은 땅바닥에 뒹굴어
굳은 신념 때문에 이 자리를 자원했었네.

오직 성령의 역사로

앞이 보이지 않는 짙은 어두움 속에서
이곳에 보내신 주님 뜻을 알 수 없고
능력 주시는 자 안에서 모든 것을 할 수 있다는
가냘픈 소망을 갖고 출발했어라
오묘한 뜻 헤아릴 수 없었으나
빈손 들고 황무지를 눈물로 시작했어라

주님께서 나에게 주시는 응답 영감으로
한 해를 바라보는 일 보게 하시고
표어와 목표 계획을 수립하게 인도하시니
전도사업 교육 사업을 조직화하고
집집마다 주님의 손길 뻗치도록
다양한 전도 전략으로 새 출발했어라.

총동원 전도

1월, 2월까지 총동원 훈련 단계로
기도와 총동원 전도 훈련을 실시하여
5월까지 석 달은 실천의 단계로
주일 예배 마치고 식사 후 총동원하여
주님의 방법대로 2명씩 7대를 조직하여

3개 부락 집집마다 차근 차근 방문하여
4단계로 작성한 전도지를 배포하니
성령께서 역사 가슴이 이글거리며
업동, 신흥, 죽림 부락에 찬송 소리 메아리치네
꿀벌들이 윙윙 꿀을 따는 모습이여

황무지에 뿌려진 씨앗 추수하는 기쁨이
성도들의 노력 넝쿨로 뻗어 열매 거두고
새신자들 환영하고 총동원 전도가 찍힌 타올
여전도회 선물로 나눠주고
5월 말까지 80여 명의 새신자 모여 들어서
성령의 역사하심 주께 영광을 돌려드렸네.

다양한 전도 전략

6월, 7월, 8월을 총동원 전도 개인 전도의 단계로
6월은 피 전도자를 정하여 탐색과 기도하고
7월은 피 전도자의 가정을 방문하여 전도하고
8월은 결실을 거둔 새신자를 교회로 인도하며

9월은 성수주일의 단계로 주일성수를 장려하고
10월, 11월은 십일조 실천의 단계,
12월은 전 가족 구원의 단계로
묵묵히 실천하니 가족적으로 믿는 가정 늘어 나가고

학원 전도, 환자 전도, 군인 전도, 경조 전도
극빈자 전도, 청소년 전도, 경로 전도 등
전도 전략을 수립하고 학원 전도는 장학금 지급
군에 영장받은 청년들 교회 초청 선물 주고 기도해 주며
환자들 위하여 병원에서 무료 치료
결혼하면 축하금, 상을 당하면 조위금
극빈자 도와 주는 전도 실시하였어라.

경로잔치

10월 30일을 경로의 날로 정하고
70세 이상 노인들을 조사하니 32명
교회의 어버이로 모시고 제1회 경로잔치
시장, 경찰서장, 동장, 통장, 반장들을 초청하여
누추한 교회당 메워졌어라

장수상 1명 다복상 2명에게
효부상 2명 모범 청년상 2명에게
동회장, 통장, 반장은 푸짐한 봉사상을 수여하고
참석한 노인들 선물과 식사를 대접
생일에는 어여쁜 생일카드를 보내고
다음해도 경로잔치 계속되면서
성령의 인도하심 감사함이여.

여호와 이레로다

한 해가 지나고 새해를 맞이하면서
삼산동 동회장이 목사님 사택이 없으니
농가주택 알선해 줄 테니 땅을 구하라는 말
죽림 부락 160평을 구입하고 20평 주택 건축
동회장 유지들 초청 집들이를 하였고
미국 선교회 초청으로 미국 방문 준비 중
청천벽력이라 한 장의 편지 날아와
교회를 철거하라는 명령이어라

하나님의 뜻을 헤아릴 수 없으니
교회를 버리지 않으시는 주님의 섭리였고
부족한 종을 통한 주님의 역사 놀라와
농어촌 선교비 모금 차 미국 순방계획
거리로 나갈 수밖에 없었는데
사택으로 옮겨 예배를 드렸네
준비하시고 인도하심 감사하였네

모 교회 출신 김영만 목사
어려울 때 장학금을 도와준 은혜
잊을 수 없어 아버지가 물려준 유산
500평 중에 250평 교회 부지는 허락하면서

아버지의 허락을 받기가 어렵다며
허락받기 위하여 기도를 부탁하였어라

김 목사님 아버지께 말씀드리니
물려준 땅 팔 수 없다고 반대했으나
안 목사가 내게 장학금을 도와주지 않았다면
논을 팔아 공부할 수밖에 없었는데
안 목사의 도움으로 공부하고 목사가 되었으니
은혜를 갚아야 한다는 아들의 설득으로
승낙을 하였으니 여호와 이레로다

기술 중학교 땅에 세워진 교회 철거비
받을 수 없는 처지였으나 교장과 아는 사이
장학금을 도와준 관계로 철거비를 받아
50평 교회 건축을 준비하도록 했으나
미국 방문 마치고 귀국하니
농지로 건축 허가 받을 수 없었네

절차 때문에 사택을 먼저 건축하고
대지로 지목을 변경해서
1982년 7월에 입당하였으니
순천의 명물 삼산 자락에
우뚝 선 삼산교회 주님께 영광이로다.

삼산교회여

어디든지 믿음이 있는 곳에는
주님 역사하시고
네게 있는 것으로 나눠주라는 말씀 따라
자신들의 힘으로 운영하니
은혜가 넘쳐흘러 뻗어 나갔어라

5년 만에 지은 교회 애지중지 가꾸면서
교회 역사 간직한 윤점순 집사 권사로 취임되고
샛별선교회가 조직되어 선교가 시작되니
세계를 향한 비전이 부풀었어라

겸허한 위풍 천년 만년 시간 엮는
역사의 그림자 숱한 사연일랑
보고도 못 본 척 듣고도 모르는 척
말 문 잠그고 묵묵히 일한 곳
순천의 명물 삼산교회여

계곡의 맑은 물 푸른 들녘
농부들 흥겨운 노래 들을 수 없네
아파트 숲과 전봇대와 가로등
파수병처럼 늘어서고

자동차 소리 요란한데
흘러간 옛 추억 마음에 젖어드네

어두운 광음 속에 생사의 갈림길
온갖 사연 남기고 하나님 섭리 따라
님의 영광 세계에 빛내니
포도나무 넝쿨로 뻗어 나가며
온 누리에 삼산처럼 되어지소서.

■ 호주 선교여행

미항 시드니여

호주의 대표적인 시드니 항구
시드니는 이탈리아의 나폴리 항
브라질의 리우데자네이루 항
세계 3대의 미항으로 불리어지고
1987년 남미 복음화를 위한
복음화 집회에 참석했을 때
리우데자네이루 항에 갈 수 있는
기회를 놓친 것 후회하고 있네

시드니의 다운타운 타워에 올라
300만의 도시 시드니 항구
한눈에 들어오는 광활한 땅이어라
잔잔하고 유리같이 맑고 푸른 바다
막힌 듯 호수로 착각이 든다
물 위에 떠 있는 요트들
놀이를 즐기는 그림 같은 풍경은
세계 미항으로 손색이 없어라

넓은 지역에 흩어진 주택들
숲속에 숨어 있고 깨끗이 정돈된 길 위에
자동차의 행렬이 미끄러져 달리고
영국의 신사답게 정장한 노인들
다정한 모습이 눈에 들어온다

제2차 세계 전쟁 이전만 해도
유색 인종의 이민을 불허한 호주
이민을 허락한 지 50년이 지난 오늘
각색 인종이 뒤섞여 살면서
질서가 유지되고 자유와 평화가 춤추고 있다.

수도 캔버라

시드니에서 호주의 수도 캔버라를 향해
3시간을 달리고 언덕에서 바라보니
넓은 땅에 수도답지 않은 작은 도시
국회의사당이 유별나게 돋보였다

의사당 앞에 넓은 인공호수
햇빛에 반사되어 유리같이 일렁이며
수도답지 않은 조용한 공기가 맴돌고
각국 대사관들 거리에는
관광객이 붐비고 있었네

우리 교포들은 약 400여 명이 사는데
4개 처의 한국 교회가 설립되어
100명 단위로 교회가 있는 셈이다
두 분의 목사 가족들이
밤 시간에 우리를 방문하여
양고기 파티를 즐기면서 향수를 풀고

이웃집에 거주하는 러시아 출신
캔버라 대학의 초청으로
북한학을 강의하는 젊은 교수

1990년도 김일성대학을 졸업
서울에서 북한학을 강의한 교수
유창한 우리말 우리 문화 익숙하고
노총각으로 노모와 함께 살면서
이국의 외로움을 달래고 살며
어렴풋이 북한 사정 알게 되었네

교수의 권유로 밤에 캥거루 공원에
떼를 지어 내려온 캥거루들
뒷발을 던지면서 깡충깡충 뛰어가는 모습
호주에 온 것을 실감하였네

다음날 캔버라장로교회를 방문하여
예배에 참석하여 말씀 전하고
신효현 한국대사와 인사를 나누는데
순천중앙교회 주일학교 출신이라는 말
세상은 넓고도 좁은 것 아닐까.

차창을 바라보며

돌아오는 길 차창 넘어 광활한 땅
아득한 지평선을 이루어 뻗어 나가고
초장에 풀을 뜯는 소와 양 떼들
자유와 평화를 노래하는 넓은 땅이
버려져 있는 것이 아닐까?
우리의 농민들이 가꾸어 나간다면
깊은 생각에 잠기어 있는 사이
어느새 시드니에 도착했어라

5만여 명의 교포들이 사는 호주
한국 사람 사는 곳마다 교회가 개척되어
뜨거운 한국적인 믿음을 이어가면서
주님의 나라가 세계로 뻗어 나가니
한국적 믿음의 자존심을 과시하며
주님께 영광을 돌려드린다

복지 정책이 뿌리박은 나라
요람에서 무덤까지 보장이 되고
행복하고 축복 받은 나라이어라.

쓰라린 역사

삶의 행복은 물질의 풍요가 아니라
자유와 풍요를 노래하는 호주의 역사 속에
애환들이 숨어 있는 것이 아닌가?
호주 대륙은 미지의 땅으로
200년 전 영국의 쿡 장군에 의해서 발견된 땅
죄수 1,000여 명을 호주로 이주시켜
조상들에게서 물려받아 평화를 노래하는
원주민들 몰아내고 개척한 나라다

수많은 원주민을 살해하였고
남은 자들은 노예로 부리고
남은 원주민들은 변두리에 밀려나
맥을 이어가며 외롭게 살고 있어라

비옥한 땅은 이주민들이 점령하여
평화와 자유를 노래하면서
시드니에 살고 있는 원주민을 위해
레드폰 블록에 정착촌을 건설했네
수모에 대한 반항 심리로
집들을 파괴하고 길거리에 뒹굴면서
마약 봉지와 주사기가 어지럽게 널려 있었네

원주민 150명 혼혈되어 변색이 되고
정부에서 주급을 지급하고 있으나
마약을 하고 마약 밀매에 종사하니
정부서도 대책 없이 버려져 있어라.

하나님의 일꾼

소외된 이 지역을 위하여 헌신하는
임순영 집사 호주 새순교회 집사로
매주 화, 목요일 밤에 이들을 방문하고
음식을 제공하고 찬양과 성경을 가르치면서
마약의 수렁에서 벗어나게 하고자
기도하며 헌신하며 동지들을 초청하여
버림받은 이들 위해 기도하면서
배와 그물을 던지고 있었다

선교는 물질, 명예로 못하는 법
주님의 말씀 순종하는 종들에게
성령의 충만, 권능, 영감을 통해
희생과 헌신하며 확신이 있는 자리에
선교의 열매가 맺어지느니

하나님의 나라는 이름도 빛도 없이
주님의 발자취를 따르는 종들을 통하여
세워지고 이뤄지나니
순종하는 임 집사와 회원들 위에
성령의 충만을 기원하나니
아름다운 열매가 맺어지리라.

■ 출근길

매산등

5월의 아침 출근길 유난히도 빛나고
아카시아 꽃에서 흐르는 향기 스쳐가며
꾀꼬리의 사랑 노래
한결 가벼운 발길을 옮겨 가네

오월은 연둣빛 옷으로 갈아입고
대 자연을 넓은 품에 포옹한 채
맑은 하늘을 바라보며 싱싱한 공기
아 좋다 아 상쾌하다 팔을 올리는 순간
깊은 곳에서 탄성이 솟아 나오네

눈 앞에 보이는 봉화산은
부드러운 물안개로 허리자락에 감고
매산등 정기 솟아 가슴에 벅차오르니
출근길 아침에 꽃잎을 밟으며
숲속에서 풍기는 초록 향기를 마시면서
깊은 생각에 잠기게 되네

옛 추억을 더듬으면서
성벽처럼 늘어선 청청한 포플러들
날개를 파닥거리며 짝을 찾는 꾀꼬리들의 향연
지저귀며 평화롭게 창공을 나는 새들
생명이 약동하고 생기 충만하던 그 시절
사람의 마음을 뜨겁게 녹여주며
먼 곳을 꿰뚫어 볼 수 있는가 보다

40평생 오가며 나이대로 휘감긴 아침
즐겁고 아름답던 모습은 사라지고
새들의 노래 꾀꼬리들의 우아한 향연들
높이 솟은 포플러들 자취를 감추었고
성벽 같은 아파트 솟아오르니
향기 나는 오솔길 아스팔트로 덮였고
아침저녁으로 만나서 인사드리던 어른들
모습은 간 곳이 없어라

정열이 넘치는 싱싱했던 젊음이 시들어가니
탄성으로 소리 높게 외치던 가슴 속에
공허하고 서글픈 정이 흘러내리네

모든 사람들이 걸어가는 길 어찌 탓하랴
야스퍼스가 말한 한계 상황에 부딪힌다
늙고 병들어 죽음에 이르나

주님의 나라에는 오직 젊음만 있을 뿐
이 세상보다 더 좋은 나라가 약속되었으니
어찌 마다할 수 있으리오

늙음은 하나님의 선물이니
나는 늙어감으로 자기를 성찰하며
잃어버린 자신의 실존을 다시 찾게 되나니
인간은 운명적인 한계 상황 속에서
이상의 단계를 뛰어넘어
절대자를 향하여 초월 자신을 되찾으리

젊은 시절은 정열에 불타고
현실적으로 일에 쫓기면서
자신의 실존을 찾아보기 어렵고
자기를 앞세우려는 탐심이
절대적인 사랑을 외치면서 투쟁하게 되며
죄를 안 짓고 살고 싶지만 미워하고 강한 질투
한계 상황을 피할 수 없나니
고민과 질병과 외로움이 이어지면서
자기를 냉철하게 꿰뚫어볼 수 있으리
잃어버린 자신을 찾을 수 있는가 보다

40평생 걸어온 매산등 출근길
미국 선교사들과 함께 걸어온 이 길

많은 것을 생각하고 느끼게 하네
오랜 세월 낯선 이국 땅에서 외롭게 오간 이 길
이글거리는 가슴 헌신과 희생, 확신
그 진솔한 이야기들
외롭고 쓸쓸한 이름도 없고 빛도 없는 길
멸시천대 십자가의 길을 누가 따라 오려는지

가자 이 길로 주님의 십자가의 길
누가 가려는지 하나님의 나라를 세우는 일
주님은 십자가를 지고 따라오라고 부르신다
땅 끝과 빈들에서 배와 그물을 던지는 이 길
잃은 자는 얻고 얻는 자는 잃어버리는 이 길
바라보자 열두 광주리의 축복의 길
가야 한다 기필코 가야 하리
이는 종들의 노래며 염원이고 푸념이 되리라.

■ 인간 승리

처녀 목회

할퀴고 찢긴 통곡의 땅
피난 길 석 달 슬픔의 한을 달래며
추석 보름달이 중천에 높이 솟아
서글프게 비취는 새벽녘에
잠을 설치고 기다리는 가족들
재회의 기쁨이 피난생활을 달래주고

오키나와에서 B29의 폭격기들이
줄을 이어 북쪽 하늘 높이 날아가는
1950년 12월 전운이 감도는 때
주님의 부르심 따라 순종하고

1950년 장씨가 입도하고
1959년 나, 임, 윤, 김씨 가족들이
입도하여 밭을 일구고 개척한 섬
319명이 사는 섬 중의 작은 섬

유리같이 맑고 햇빛이 일렁이는 바다

동백꽃 향기 풍기는 벌통구미 선창에 내려
가파른 길을 아장 걸음으로 기어올라
섬 정상에 오르니 멋대로 쌓아올린 돌 울타리
숨어 있는 바람막이 얕은 지붕들
바람을 조롱하듯 초가집들이 숨어 있네

북쪽으로 돌아 경사진 길 밑으로
푸른 바다를 내려다보면서 걸어가면
십여 세대가 사는 선창 부락
남쪽으로 20분쯤 돌아가며
35세대가 사는 인금이 동쪽 끝에
15세대가 사는 동쪽 끝 부락
깔딱고개 넘어서 벌통구미로 돌아온다

매달린 경사진 땅을 가꾸면서
어업으로 생계를 잇는 순박한 섬 마을 사람들
혈육이 얽히고설키어 형님 동생 사돈으로
전설의 고향 같은 섬 국민학교 분교가 있고
편의시설은 하나도 없는 외로운 섬

여수로 통하는 객선은 딴 섬으로 건너가야 하는 섬 중의 섬
순박한 섬 사람들의 인심은
야박한 오늘 동화 속의 이야기로
주마등처럼 눈 앞을 스쳐간다.

화태섬

세월은 영원할 수 없기에
헤어지고 만나는 것 주님의 섭리 따라
기다리는 사람도 없는 불모의 섬
1954년 2월에 화태섬을 향해
정든 성도들과 석별의 정을 나누면서
벌통구미 선창 동백나무 초록 향기 맡으며

흐르는 물결을 타고 가는 배
바닷가에 노래를 부르며 춤추는 갈매기들
강변에 흑도미 한 마리를 앞에 놓고
향연이 벌어지고 있었네
지난밤 해달이 잡은 물고기
우리 위해 준비한 것 아닌가

물고기로 화태도 월전 부락에서 이웃들과
생선파티를 즐기던 그때가 생생히 기억이 나네

남면의 저녁 노을 붉게 물든 섬
화태도는 주변 섬 중에 큰 섬인데
그 섬의 터줏대감으로 박씨 황씨가
맞서고 있는 전도하기 어려운 섬.

마귀 아줌마

6명의 아줌마들 먼저 교회 나오고
박순엽 아줌마가 박씨 가문의
첫 열매로 교회 나왔어라
교인들은 박순엽 아줌마에게
전도하는 것 적극 말렸어라
욕보 아줌마 마귀 아줌마로 악명 높은 여인
그녀는 남편도 없고 자식도 없이
양자를 거느리고 사는 외로운 여인
성령의 능력으로 사로잡혔을 때
그녀의 얼굴은 기쁨이 충만하였고

주름살이 짙은 얼굴이 환하게 변하고
아침 저녁 교회 찾아 기도드리며
주님을 위하여 일할 수 없느냐며
교회 청소하는 일 자진했으니
성령의 인도하심 감사하였네

계속 교회의 청소 맡아 봉사하면서
보람 느끼고 교회 청소하다가
부르심 받아 교회서 주님 나라갔으니
아름다워라 축복된 죽음 감사함이여.

김넉넉 아줌마

교회의 첫 열매로 자리를 지키며
교회를 내 몸같이 김넉넉 아줌마
남편과 자식들의 핍박을 받으면서
교회에 나오는 김넉넉 아줌마
아버지 넉넉하게 잘 살라고 지어준 이름

등에 업혀 나오는 8세 아들 옥이
3세로 어리게 보이는 창백한 얼굴
관절염으로 버려져 있는 불쌍한 아이
5년 세월 흘러서 열세 살 옥이

수술로 절단해야 한다고 했으나
병신 자식 되느니 차라리 죽는 것이
좋다고 생각하는 무지함
돈이 없어 병원에 갈 수 없는 안타까움
섬 사람들의 무지와 생활고를 대변해 주고

5년의 세월이 흘러 13세 옥이
순천 고산병원 무료 수술 허락받고
어머님의 등을 타고 살던 옥이
난생 처음 목마 타고 철마를 타고

병원에 도착하여 수술을 받았네

병원 뒷마당에서 뛰어다니며
미친 사람처럼 울부짖던 모정
퇴원하고 돌아온 옥이의 모습
삶의 희망이 넘치는 빛나는 눈동자
인도하신 주님께 감사 드렸어라.

시련을 이겨 내고

인휴 선교사 대전 교도원에 추천
스텐마 선교사가 전쟁 불구자를 위한 사랑의 집
옥이는 처음으로 정든 고향을 떠나 대전에 가고
의족도 하고 믿음도 공부도 하고
기술도 배우면서 성장해 나갔어라

걸음마도 배우고 함석공 기술 배운 옥이
1년 만에 고향으로 돌아온 빛나는 눈동자
물동이도 고치고 지붕 개량도 하며 자립을 하고
천생 배필 개도 처녀 김신자 양과 새로운 삶을 출발
아내는 양돈으로 옥이는 함석공으로 자립할 수 있었네

옥이는 40세 때 믿음이 성장하여
장로안수를 받으면서 신비주의에 현혹 안돼
교회가 혼란할 때 정확한 판단으로
교회를 지키면서 성실하게 봉사하여
하나님의 축복으로 생활도 안정되고
장로의 사명을 다 하였네.

배와 그물 던지고

옥이는 현재에 만족하지 않고
받은 은혜에 보답하기 위하여
갈릴리 호숫가의 어부들처럼
배와 그물 던지고 성경학교에 입학했네
그의 믿음과 의지 그 뜨거운 가슴이
고난의 험로를 택한 것이어라
아내는 여수식당에서 일하면서
단칸 셋방에서 3명의 아이들을 기르며
주말부부 생활 고난을 감수하였네

1982년 교회가 없는 부락에 보내지고
5년 동안 수고한 보람으로 교회를 건축하고
다시 작은 교회로 옮겨 봉사하면서
등대선교회의 권면으로 300세대가 사는
부락에 개척을 시작하여
두 교회를 섬기면서 성실하게 봉사했네.

승리의 개가

옥이의 믿음과 충성에 감동되어
3년 만에 35평 교회를 건축하고
1996년 목사안수를 받았네
성실과 충성으로 교회가 성장하여
안수집사 권사들이 임직되었네

2002년에는 장로 2명을 장립하고
위임목사 임직받으니 그의 믿음과
뜨거운 가슴 주님을 따라가는 헌신이
주님의 거룩한 뜻이 이뤄지고

어려운 여건 속에서도 곱게 자란 세 아이
큰아들은 목사가 되고 작은아들 목사 공부
외동딸은 공무원과 결혼하여 행복한 삶
김넉넉 할머니의 간절한 기도로
자손들이 축복받은 것 아닌가!

옥이의 투철한 소명의식 승리의 의지
성실함을 주님께서 인정하시고
승리의 개가를 부르게 하였네
가족들이 오순도순 행복하게 사는 것

마음이 흐뭇해지네

뿌리 깊은 나무마다 하늘을 향하여
팔을 벌리는 나무마다 고난과 슬픔
절망 속에서도 승리가 있을 뿐이라.

■ 하나님의 섭리 따라

부르심 받고

미술가 되기를 원했으나
전도사를 지망하여 신학교를 졸업하고
1980년 미국 선교부의 초청장을 받아
선교부 미술실에 보내기로 하였으나
유신정권 때 미국 가는 길이 막혀
뜻을 이루지 못하고 좌절되었네

2년 후 미국 가는 길이 풀려
미국 선교부에서 다시 초청장을 받아
미혼 여성은 비자를 얻을 수 없어
인휴 선교사가 대사관에 두 번이나
방문하여 비자를 받은 것 감사하여라

1982년 10월 가족들과 고국을 떠나
홀홀 단신 의사소통이 안 되는 미국으로
비행기 타고 LA공항에 도착하니
세관에서 입국을 허락할 수 없다며
한국으로 돌아가야 하는 막막한 처지에
보내주신 하나님의 섭리 믿으면서
눈을 감고 간절히 기도했어라.

시련을 이겨 내고

세관의 한국 여직원이 통역해 주고
그녀의 도움으로 풀려나
미국 땅을 밟게 된 것
하나님의 예정 은혜로 믿으며
주님께 감사를 드리었어라

마중 나온 미국 선교부 나성 대표
브라콘 박사의 안내로 비행기를 갈아타고
산호세 공항에 착륙하니
마중 나온 직원들의 안내로 사무실에 갔는데
의사소통 안 되는 미국 사람들 사이에서
몇 번이고 고국으로 돌아오려 했지만
친절한 사랑으로 슬픔과 외로움이 녹아내리고

담당직원 필의 집에서 민박을 하며
사무실에 출근하고 퇴근하면서
같은 차로 귀가하며 외로운 외국살이
가족들의 사랑으로 향수를 달래었네

얼마 못 가 젊은 부인의 질투심으로
견디기 힘든 막막한 처지였네

눈물 흘리며 주님 의지하고 기도드리며
질투가 지나쳐 증오로 변하니
동서고금 이치인가 여자들의 마음이여.

새출발

알렌 필 리 총무 이 사정을 눈치 채고
자기 집으로 옮겨 딸처럼 사랑해
필리 딸과 사귀면서 영어를 익혀
직원들의 친절과 사랑으로 정이 들며
산호세한인중앙교회 동족끼리 어울려
외로움을 이겨내 보람찬 삶이 시작되고

한국 교포 3세 짐이란 청년과 사귀어
사랑이 무르익어 결혼으로 이어지니
선교부 직원들의 축복을 받으며
화촉을 밝혀 새 출발했네

나성으로 옮겨 새 가정 이루면서
주님의 은혜로 첫딸 크리스티나를 낳고
고국의 어머님을 초청하여서
반갑고 기쁨 끝없는 눈물
안정된 생활 주님 축복이어라

첫 아들 알렌을 선물로 고생을 이겨내고
두 아이의 엄마가 되어 감사하면서
지난날 고생이 구름같이 사라지고
행복한 가정으로 사랑을 받으며
한국의 피로 이어진 두 아이들 자랑스러워.

선교를 위하여

14번 미국을 방문 모금 활동하면서
딸집에서 한 달 이상 머물고
사명감을 갖고 봉사하면서 헌신하는 딸
선교비도 지원하여 도움을 준 딸,
오! 선교를 위하여 오묘한 섭리
만사가 여호와 이레로다

24년 지난 오늘 하나님의 축복이 임해
주시는 힘을 입어 어두움을 헤치고
새 날을 바라며 우뚝 서서 크리스티나는
탤런트를 지망하여 예술대학 진학하고
17세의 아들 알렌은 월반하여
육군사관학교 특채로 입학했네

한국의 피를 이어받은 한국 사람이
미국 육사에 입학함은 한국인의 자존심
장하도다 장하리로다 선교에 동참하여
수고한 보람 주님의 은혜로다

어여쁜 얼굴과 귀여운 모습으로
사람의 마음을 즐겁게 해주고

멋진 군인 되어 세계 평화에 이바지할
큰 일꾼이 되어라 감사하리로다
영광을 주님께 돌려 드리네.

■ 아버지에게 보내는 편지

아버지에게 보내는 편지

아버지 어머님
두 분이 가시는 뒷모습을 보면서
나이 많으신 부모님이 다시 오실는지
기약이 없는 이별이 아닌가 생각하니
서글픈 생각이 마음에 젖어듭니다
뒤를 돌아보니 평생을 선교를 위하여
드려진 아버지의 모습이 영상처럼
내 눈 앞을 스쳐갑니다
미국 오실 때마다 한숨 돌릴 여유도 없이
꽉 짜여진 스케줄 때문에 피곤한 몸으로
묵묵히 교회들을 방문하신 아버지의 모습
흘러간 추억으로 남을 것입니다

누구도 알아주지 않는 외롭고 힘든 길
때론 무시를 당하면서도 가신 좁은 길
세계 선교를 위한 꿈을 키우면서
남미복음화 대회에 참석하기 위하여
공항에 갔는데 시간이 늦어 못가고

다시 집으로 돌아오신 것 기억이 납니다
세계 여러 곳에 발자취를 남기시고
사명감에 불탄 아버지 자랑스럽습니다

LA 미국인 교인 집에서 머물면서
밖에서 정원을 구경하는 아버지를
경찰에 신고하여 두 명의 경찰들이 출동하여
궁지에 몰렸던 때가 있었던 추억
등대선교회를 위하여 모든 것을 다 드리고
오직 선교만 아시는 아버지의 불타는 가슴

아버지 어머님 감사합니다
많은 딸과 아들 예쁘게 길러주신 어머님
아이들 교육에도 얼마나 힘드셨나요
제가 아이들을 키워보니 얼마나 힘이
드는지 알고 있습니다
감사합니다 오래오래 건강하세요.

2005년 8월 27일
딸 영신이 올림

(2005년 8월 27일 귀국할 때 딸이 비행기에서 보라며 주었던 봉투 속에
미화 300달러와 함께 들어 있던 편지)

■ 이것이 인생이다(목사 사모의 신앙 간증)

신앙의 자유를 찾아

보성강 흐르는 남쪽 강변 언덕 위에
매달린 이십 세대가 옹기종기 널려 있고
봄이면 강가에 꽃들이 피어오르고
하늘 무너지고 땅 꺼지는 칼 불이 번쩍이면
먹구름이 밀려 흙탕물이 흐르고
매달린 전답에는 황금빛으로 파도치며
겨울이면 얼음 위에 개구쟁이 뛰놀고
범이 살던 전설의 고향 범실 부락이어라

홀어머니 모신 세 남매
생선 없는 진지상을 드리지 않고
겨울이면 얼음 깨고 생선을 잡아
어머니께 효도한 소문난 효자 가정
효자비 세우고 황소 한 마리 상을 받은
명성 높은 효자 가정 살림이 뻗어 나갔네

믿는 가정으로 출가한 누나에게 전도 받아
주님을 영접하고 성령의 힘에 이끌리어

범실에서 십 리를 걸어 보성강 나룻배 타고
석곡교회 다니고 믿음이 무르익어
효자 형의 핍박에 고향을 등지고
오복리 산골 찾아 뿌리를 내리었네

신앙의 자유 얻은 기쁨 한이 없어라
골짜기에 찬송 소리 메아리치고
낙수교회 김 조사의 설교 믿음 영글어
남매를 얻어 기르면서 받은 축복을 감사하여
은혜와 사랑 강물처럼 흘러내렸네

낙수교회 당회장 변요한 선교사
부모님 세례를 받아 믿음이 영글어가고
유아 세례를 받아 주님께 드려졌네.

매산등 매산학교

아이들 교육 위하여 순천으로 옮겨서
주일학교 다니며 믿음으로 자랐어라
아버지는 중병 앓으면서 활동을 못해
어머니가 안력산병원에서 일하며
끼니를 이어가는 가난한 생활 속에
어린 동생 돌보면서 집안 살림 맡아 하고
공부 못하는 안타까운 가슴 무너져 내렸네

동생 등에 업고 매산학교에 가면
백미다 교장 애기 데리고 오면 안돼요
쫓아내면 뒷문으로 몰래 숨어들어
숨바꼭질 하면서 일 년의 세월을 이겨 내고
동생은 말없이 순하게 나를 도와주었네

1년 후 백미다 교장의 부름 받아
동생을 업고 교장실로 들어서니
친절한 말 건네 주며 공부가 하고 싶니
애기 업고 학교 다녀도 좋으니 열심히 공부해
벅찬 기쁨에 말문 막히고 고개만 끄덕 끄덕
백 교장은 학비 도와주며 나를 사랑했어라
졸업하면 미국으로 데리고 가겠다는 약속을 받고

하나님의 은혜인 줄 믿으면서 감사의 노래
부모님들과 함께 감격하며 울었어라

일제의 모진 광풍 불어닥치어
신사참배 강요당한 선교사들 반기 들고
일본은 강제로 선교사들 추방하여
매산학교 문 닫고 뿔뿔이 헤어졌네
순천 남소학교 4학년 편입하여 졸업하니
미국 가는 꿈 물거품으로 사라졌어라

선교부 경영하는 안력산병원 폐쇄되고
김 의사 정 의사 안력산병원 시내에 개원
학교 졸업 후 간호사로 일하면서 꿈을 키우고.

↑ 순천 매산여고(1926년)

새출발

결혼할 나이는 넘었는데 믿는 청년 없어
21세 노처녀로 곡성 고 머리의
유씨 가문으로 출가하여 시부모를 섬기고
완고한 유교 가문 교회를 반대했으나
쫓겨날 각오로 믿음을 버릴 수 없어
목사동교회 십 리 길을 걸어다니면서
시어머님께 전도하여 성령의 감동
모진 매를 맞으면서 주님을 영접하여
고부가 교회 다녀 고난을 이겨 냈어라

돈벌이 좋다 하여 일본행 연락선 타고
일제 말엽 전쟁의 소용돌이 속에서
하늘에는 미국 비행기로 폭음 울리고
날마다 비 오듯 뿌려지는 소이 탄 폭발
시내는 곳곳에 불바다로 인심이 술렁이는데
일 년 만에 다시 고국으로 돌아왔어라.

남행열차

친척들을 의지하고 함경도 무주철산 광산촌
철광산에 취직하니 동토의 땅
1년 만에 딸을 선물로 받았는데
밤낮 미국 비행기 공습이 잦아
한박골에 피난가고 호랑이 소리 들으며
먹을 것이 동이 나 광산촌에 내려오니
자유의 깃발이 휘날리고 감격이 넘쳐
조국 해방을 맞아 친척들의 만류에도
고향을 향해 기차 타고 남으로 내려왔네

피난민들 아수라장 남행열차에 올라
소련 장교들 한 가족 온 칸 독차지하고
기차 지붕으로 애기를 업고 기어올라서
위험을 무릅쓰고 굶주림 속에
15일 만에 흐르는 임진강변 도착하여
건너편 남한 땅을 바라보며 한숨 거두었네.

삼팔선을 넘어

소련군이 피난민을 북쪽으로 돌려보내
강변의 작은 부락에 숨어 기회를 노려
부락민들 대가를 받고 물길을 안내하여
소련군의 잠자는 사이 눈을 피해서
그믐달이 비추어 주는 임진강 다리 밑을
숨을 죽이고 먼동이 트기 전에 강으로

얼음 물에 몸을 던져 정신없이 건너가
남쪽 땅에 이르니 온몸이 얼어붙어
옥수수 대로 불을 피워 몸을 녹이고
정신을 차려보니 갈기갈기 찢긴 치맛 자락
창백한 얼굴 속에 남한 땅 밟은 기쁨이
피난 오며 당한 고생과 수모 녹아내리고
정오에 기차역 도착하니 환영의 물결
사랑으로 얼싸안고 눈물지으며
주먹밥으로 주린 배를 채웠어라

서울에 도착하니 태극기를 흔들며 환영의 물결
호텔에서 일박을 하고 안도의 숨을 내쉬며
호남행 열차로 고향에 돌아오니
해방의 기쁨이 고향에도 파도치며

순천지역 선교 100주년 기념 시집
선교이야기 — 제5부 시련을 딛고 서서

악몽 같은 탈출 주님 은혜 감사하여라

고향 온 지 일 년 못 가 남편 세상 떠나고
어린 딸을 등에 업고 순천 친정에 돌아왔네
고산병원 간호사로 외로움을 달래고
중앙병원 간호사로 삶을 개척하였네.

여순 반란

병원에 출근하니 요란한 총소리
여수에서 반란 일어 밀려오는 군인들
방위망을 뚫고 경찰서를 점령하니
굶주린 사자같이 학살하는 슬픔이여
지원 나온 경찰차 반란군의 불에 타고

시내는 공포의 거리 침묵으로 고요하고
철 모르는 시민들 붉은 깃발 흔들고
붉은 군인들 시내 집들을 뒤지면서
죄 없는 시민을 반역자로 몰아
아하, 비극이로다 슬픈 통곡이 흘러나왔네

총을 맞은 부상자들 병원에 몰려들고
환자들의 신음 소리 입원실을 메우고
까닭 모르고 희생당한 시민들 애처로워라
완장을 차고 시내 환자들을 돌보는데
총을 멘 폭도들 거들먹거리며
4일 만에 국군 경찰대 반격으로 반군들 밀려
북쪽으로 도망쳐 지리산으로 입산했어라

매산등 당산나무 밑에 애매한 양민 30여 명

순천지역 선교 100주년 기념 시집
선교이야기 — 제5부 시련을 딛고 서서

반군이 후퇴하며 밤에 총으로 죽임 당해
보이열 선교사 시체를 거두어
매산등 선교부 땅에 매장하였네
아! 아! 원통함이여 원통하리로다.

재출발

1949년 봄 중앙병원 간호사로 일할 때
교회 집사 중매로 입원실에서 선을 보고
키가 크고 얼굴이 야윈 목사 지망생
초면에 던져준 성경책 무의식 속에 받았으니
마음이 괴롭고 잠 못 자고 고민하며
평생 혼자 살기로 한 결심이 허물어지며

목사 부인 되기를 원하시는 아버지의 기도
간절한 소망이 이루어지는 것인가!
한 가닥의 소망으로 내 마음이 술렁이며
반년의 고민 끝에 주님의 뜻 순종하니

찬바람이 스쳐 가는데 늦은 가을 아침
순천역 철마 타고 여수서 다시 목마 타고
갯내음 물신 풍기는 고향 어버이의 축복 속에
목사님의 주례로 다시 출발을 하였어라.

한국전쟁

붉은 돌풍이 남쪽으로 세차게 몰아치니
조국의 평화는 조각조각 깨어지고 조국 강산을 붉은 피로 물들이며
붉은 깃발 노도처럼 남으로 흘러내렸네
적군의 모진 발톱이 이 강산을 찢어 놓으니
피난길 재촉하며 고향을 등지고
떠돌아다니는 나그네들의 설움이여

피난길 재촉하여 순천서 고향으로
가파른 두라도 홀소골 언덕 기어올라
교회에 도착하니 반가운 얼굴들이여
춤추는 바다 작은 배에 몸을 의지하고
건너편 송고 부락에 내려 한숨을 거두고
고향집 찾아드니 반기는 울 엄니여

파장 이는 고향 인심 술렁이는데
삼 일이 못가 정처 없이 떠나는 피난 길
파도는 밀려오고 성난 바람 휘파람 부는데
남편 피난 배에 오르니 기약 없는 이별 슬픔이여
피난 길 석 달 만에 패배한 적군은 물러가고
보름달이 강산을 서글프게 비치는 새벽녘
조국통일을 꿈에 안고 돌아온 기쁨이여.

섬 목회

주님 부르심 받아 섬 교회 전도사로
낙도의 처녀 목회 시작되고
순박한 섬 사람들과 정을 나누며
초대교회 첫사랑으로 이어졌어라

남면의 노을이 타는 붉은 큰 섬
복음의 문을 열어주시니
유지들이 초청하여 작은 부락에
마련된 네 식구 단칸방에 들고

200호가 사는 주변에서 큰 섬
1954년 섬 교회 개척 교회를 건축하며
섬 목회 11년을 청산하고
주님 부르심 순종하여 순천에 오고
성역 56년의 세월 속에서
친정아버지의 기도와 소원 이뤄
주님의 나라 세계로 뻗어 나가니
여한이 없어라 감사함이여

아버지를 핍박한 효자 가문 자손들
오늘에서야 주님을 영접하니

만사가 하나님의 섭리로 이어졌으니
감사할 뿐이라 아멘, 아멘, 아멘!

↑ 남면 두라도 교회

▪ 목사 사모의 일기

말없는 전도

어시장에서 장사하는 오십대 초반 아줌마
그녀를 처음 만날 때부터 내 마음 밭에 새겨지며
어시장에 갈 때마다 그녀에게 생선을 사고
서로가 좋아하며 친절하였네
검게 탄 얼굴 억세게 생긴 손과 발
오랜 세월 생선 장사로 절인 모습이 아닐까?

생선 값을 깎지 않고 달라는 대로 주며
그녀는 그만큼 더 줄려고 애를 쓰고
여수서 시장까지 운반해 오면
힘이 빠져 기진맥진하는 삶의 경쟁 속에
살려고 애쓰는 모습 고마워라

생선을 사기 위해 지갑에 오천 원을 넣고
시장에 가서 오천 원어치 생선을 사 가지고
급하게 집에 돌아와 돈지갑을 열어보니
오천 원짜리 지폐가 그대로 있지 않은가
생선 값을 주지 않고 돌아온 것이었네

허둥지둥 생선가게에 다시 달려가
자초지종 이야기하고 생선 값을 돌려주니
그녀는 믿지 않으면서도 주는 돈을 받고
이십 년을 이 바닥에서 생선 장사를 했는데
생선 값을 되돌려 받은 일은 처음이라고
그녀와 나는 더욱 친밀해졌어라
생선을 사면 더 싸게 줄려고 애를 쓰고
형제같이 마음을 주는 삶이 이어졌어라

그 후에 예수 믿는 목사 부인임을 알고
예수 믿는 사람은 달라요, 감격하면서
나도 교회에 나가고 싶어요 고백하기도
크리스마스 날 예배 드리고 시장 가니
생선 가게는 열려 있는데 그녀가 안 보여
옆 가게의 아주머니에게 물으니
가게를 비워 두고 교회 갔다고

장날인데 교회 나간 독실한 믿음
그녀에게 예수 믿으라는 말 한 마디도 안 했지만
말없는 전도로 그녀의 마음 문이 열린 것은
성령의 역사로다 감사함이여

며칠 전에 그녀의 가게에서 갈치를 사고
뒤에서 쫓아오면서 부르는 소리에

뒤돌아보니 떨어진 갈치 한 토막을
기어이 주고 가는 마음 감사함이여
작은 일에 솔직하고 정직하다면
우리들이 사는 세상은 행복할 수 있다는
생각에 잠기면서 마음이 흐뭇해지네
후하게 주고 사는 인정 속에
보이지 않는 힘이 움직여 감동을 주는
말없는 전도가 이어지리라.

어머님께 드리는 편지

연보라 등꽃을 닮은 사랑하는 어머니
해마다 오월에 피어나는 등나무 꽃
예쁘게 가꾸어 놓으신 집안 뒷뜰 등나무
풍성하게 달린 꽃 은은한 향기
부드러운 빛깔 딸 일곱에 막내로 아들 하나

아롱 다롱이 우리 자매와 남동생이
등꽃 줄기 같은 어머님에게 매달려
힘겨워도 사랑스럽게 뜨거운 애정과
희생으로 인자함을 잃지 않으시는
어머니의 연보라빛 모습은 우아하여라

딸 다섯을 낳으시고 아들 바란 여섯째
언니들이 과일을 사달라는 성화에
시장에 가다가 숨을 허덕이며
집으로 오시다가 길에서 저를 낳으신
어머니 얼마나 섭섭했는지요

여섯째 딸이었지만 건강한 딸
어머니가 좋아 화장실도 따라다녔는데
지금까지 어머니 곁에서 살게 된 것을
기쁘게 생각하면서 감사해요

제가 성장하는 동안 어머니의 마음을
괴롭게 한 일들이 눈 앞을 지나갑니다
지금 생각해보면 어머니의 눈물어린 기도가
아니면 오늘이 있을 수 없다는 것을 생각하며
어머님의 은혜를 감사해요

가난해서 먹지 못하는 친구들을 위해
아침식사 때 우리 밥을 한 수저씩 거두어
두 개의 도시락을 만들어서
가난한 학교 친구들 먹이게 하고
몸이 불편한 아이들을 돌보며
인순이의 피고름 상처를 치료해 준 어머니
혜진이를 잔디밭에 운동시키시던 그 모습

교도소 무기수 김희순을 아들로 삼아
편지 보내고 선물도 사서 보내신
어머님 베풀기를 좋아하는 그 모습
너희들도 자라면 베풀며 살라는 말씀
내 귀에 생생하게 살아 있고

시골 가난한 전도사님들 집에 오면
고아원이라고 해요 좁은 집에 팔 남매
열 식구가 살고 있으니 말입니다
배고픈 전도사님이 오면 아이들을 못 먹여도
밥을 차려주는 어머니가 얄미웠어요
우리도 못 먹는데

오직 선교만 아는 아버지 집을 떠나시면
행방을 몰라도 불평 없이 잘 참으시면서
할아버지께서 세상을 떠났을 때
소식을 알리지 못해 당황한 어머니
허둥지둥 달려와 이틀 만에 도착한 아버지
자리를 지킨 어머님 모습이 자랑스러워

어렸을 때 우리의 기둥이 되어 주고
팔십 고개가 넘었는데도 등꽃 같은 어머니
우리 팔 남매가 기둥이 되어드릴게요
우리 곁에 계심이 큰 축복입니다
건강하시고 기도로 응원해 주세요.

2005년 3월
여섯째 딸 은주 올림

(이 편지는 어머니 교실에서 어머님께 보내는 편지입니다)

■ 승리의 노래(목사 사모의 신앙 간증)

버려진 아이

동백꽃 향기 그윽히 풍기는 섬
물새들의 노래 파도소리 들으며
대를 이어 농사와 어업에 매달려 살고 있는
평생 일만 아는 순박한 김씨 가정
7명의 자녀를 거느린 어버이
의료 시설이 전혀 없는 열악한 환경 속에
네 명의 아들은 질병으로 죽어 갔고
네 명의 딸 막둥이 딸로 태어났는데
삼 일 동안 젖을 안 주고 죽기만 기다려
까망눈이 불쌍해서 젖을 먹여 살린 딸

죽기를 기다리는 부모들의 마음
섬에서는 가업을 이어받은 아들인데
딸만 있으니 저주받은 가정으로 부끄럽고
외로움을 달래며 교회서 위로를 받고
부모 사랑 대신 주님의 사랑을 받으면서
오직 교회 밖에 모르고 살아 왔어라

16세가 되면서 출가한 언니 집에
일을 도와주면서 살고 있는데
18세 때 정신질환으로 자리에 눕고
정신병자로 취급받으며 외출 금하고
기둥에 매달아 밖에 못 나가도록 하며
밖에 나가면 동네 사람들이 비웃고
아이들 돌 던져 조롱하며 피해 도망치니
나는 쓸모없는 인생이라 한탄하면서
부모 형제 친구에게 버림 받은 인생
죽기를 바라며 모진 삶 이어갔어라.

방랑생활

어렴풋이 생각나는 것 내가 이곳에서
도망쳐야 한다는 생각이 들어
아무도 무르게 객선을 타고 도망쳐서
여수에서 순천 가는 버스를 타고
순천에 무사히 도착하였어라

정처 없이 산골짜기 타고 올라가서
시장기가 들어 꽃잎을 따 먹는데
산에서 솔가래 나무를 하던 처녀가
언니 그 꽃을 먹으면 죽는다면서
자기 집에 가자고 하여 따라가니
꽁보리밥 맛있게 먹고 허기 면하였네

가래나무 머리에 이고 시장 가는데
처녀 가는 길을 따라 내려가면서
찬송 부르고 따라 내려가는데
오두막집을 할머니 찾아드니
빨리 밑으로 내려가라고 재촉하였네

검은 안경 쓴 남자에게 붙잡히면
처녀들 잡아 팔면 나오지 못한다 하여

어디로 갈까 망설이고 있는데
남자 한 사람이 따라가자고 유혹하여
그 남자 따라 초가 주막집에 들어가니
할머니가 나와서 아저씨 따라가지 말고
가다가 도망치라고 하여
남자를 따라가다가 도망쳐서
할머니집 찾아드니

할머니 나를 따라오라고 하여
천보교회 다니는 집사집이었어요
집사님이 하나님께서 너를 도왔다며
우리 집에 온 것은 천만 다행이라며
너는 하나님의 딸이라고 위로해 주고
내 이름을 신자라고 지어주면서
주님의 사랑 베풀어 주신 것
내 평생에 잊을 수 없어라.

고향이 그리워

얼마 동안 있으니 고향이 그리워
어머님이 얼마나 찾을까 생각하니
눈물 흐르고 여비도 없는데
말없이 집을 나와서 찬송을 부르며
걸어서 여수로 가는데 고마운 순경
버스 정지 시키고 나를 태워 주면서
여수까지 가도록 부탁을 하였고
안내양 친절히 여수까지 태워주었네
고향 가는 객선에 여비도 없이 올라
고향 도착하니 건강한 내 모습에 놀라고
어머니를 만나 눈물을 흘렸네

어머니 건강해진 내 모습에 놀라면서
내가 너를 찾아 여수 골목마다 누비고
미안하다 계속 말하면서
동네 사람들이 부끄러워 죽기를 바란 것
용서해 달라는 말로 눈물을 흘리고

다시 어머니를 떠나 순천 집사님 집에
가정사 도와주면서 열심히 일하고
오직 주님만 의지하면서 열심히 기도하며

믿음이 자라고 기쁨이 충만하여
건강이 회복이 되었으니 감사함이여

21세 때 서울 목사님 집에서
모든 일 배우면서 믿음이 자라나고
목사님 말씀 고향 가 결혼하라 권하여
말씀에 순종하여 고향에 내려왔어라.

새출발

가까운 섬에 가난하지만 신랑감이 있어
하나님 뜻에 순종하는 믿음 좋은 청년
부모님 축복을 받으면서 새출발하여
이남 일녀를 선물로 받고
산후풍으로 많은 고통을 당하면서
주님만 믿고 의지하면서 기도드리니
내 기도 들으시고 치료해 주신 은혜
건강이 회복된 것 감사하였어라

교회서 기도하다가 잠이 깊이 들었는데
주님께서 내 교회를 세우라는 말씀에
가슴이 울렁울렁 이글거리며
두 번째 음성 신자야 내 교회를 세우라
세 번째 말씀 내 교회를 세우라는 말씀
주님의 섭리가 계시는 줄 믿었어라

남편에게 음성을 주신 것을 말하면서
목사 되기 위하여 기도하고 공부하면
주실 줄 믿는다고 간청하니
남편 깜짝 놀라면서 거절을 당하고
주님의 뜻을 거역할 수 없어서

계속 남편을 설득하고 기도드리니
소박한 우리들의 소원과 기도를 들으시고
허락하고 인도하신 것 감사함이여.

절망에서 승리로

남편은 장로 장립 교회를 봉사했는데
부흥집회 목사가 목회자가 되라고 권면
남편 주님의 부르심 믿으면서
다음해 봄에 순천성서학원 입학하여
공부하면서 선배들의 지도 아래
재학 중에 교회가 없는 부락에 보내져
공부하면서 최선을 다하여 전도하였네

4년 동안 봉사하며 교회를 건축했고
주님 은혜 감사하며 용기가 생기고
부족하고 자격이 없는 우리들에게
능력 주시고 역사하시는 주님
은혜 감사하면서 확신이 생기고
가슴이 뜨겁게 불타면서
그 교회를 떠나서 자리를 옮겼어라

두 번째 부임한 교회는 약한 교회
생활이 어려워 세 아이 기르면서
선배 목사님이 권면하는 새 기도처
두 곳을 감당하기 힘들었으나
자전거를 타고 두 곳을 시무하면서

묵묵히 순종하니 기도처가 성장해서
빨간 벽돌로 교회를 건축하고
은혜가 충만하여 하나님의 뜻이 이뤄지며
남편은 신학하여 목사 안수 받아서
자리가 굳어지니 주님의 은혜로다

15년이 흘러간 오늘 교회가 성장하여
장로, 권사, 집사들로 어우러졌네
쓸모없는 버려진 인생 거두어 주시고
절망에서 승리로 이끌어 주신 은혜
여생을 주님 영광 위하여 드려지게 하소서.

> 판권
> 소유

순천지역 선교100주년 기념시집
선교이야기

2006년 11월 6일 인쇄
2006년 11월 11일 발행

지은이 | 안기창
편집인 | 고무송
발행인 | 이형규
발행처 | 쿰란출판사

주소 | 서울 종로구 이화동 184-3
TEL | 02-745-1007, 745-1301, 747-1212, 743-1300
영업부 | 02-747-1004, FAX / 02-745-8490
본사평생전화번호 | 0502-756-1004
홈페이지 | http://www.qumran.co.kr
E-mail | qumran@hitel.net
　　　　qumran@paran.com
한글인터넷주소 | 쿰란, 쿰란출판사

등록 | 제1~670호(1988.2.27)

책임교열 | 임영주 · 이가정

값 10,000원

ISBN 89-5922-302-6 03230

* 이 출판물은 저작권법에 의해 보호를 받는 저작물이므로 무단 복제할 수 없습니다.
  잘못된 책은 교환해 드립니다.

등대선교회
이사장 김병찬 / 회장 고무송 / 총무 김수웅 / 연구원 박형규 / 회계 손현정
주소 전남 순천시 행동 34-3 / 전화 061-753-2976 / 팩스 061-751-4031 /
E-mail:operadd2@hanmail.net / 홈페이지 http://operadd.co.kr /
계좌번호 705-01-071772(신한은행) 175524-51-003868(농협)
502864-01-001452(우체국)